Vitus Seibel

Architektur einer Gemeinschaft

Impulse aus den Satzungen der Jesuiten

Ignatianische Impulse
Herausgegeben von Stefan Kiechle SJ, Willi Lambert SJ
und Martin Müller SJ
Band 59

Ignatianische Impulse gründen in der Spiritualität des Ignatius von Loyola. Diese wird heute von vielen Menschen neu entdeckt.

Ignatianische Impulse greifen aktuelle und existentielle Fragen wie auch umstrittene Themen auf. Weltoffen und konkret, lebensnah und nach vorne gerichtet, gut lesbar und persönlich anregend sprechen sie suchende Menschen an und helfen ihnen, das alltägliche Leben spirituell zu deuten und zu gestalten.

Ignatianische Impulse werden begleitet durch den Jesuitenorden, der von Ignatius gegründet wurde. Ihre Themen orientieren sich an dem, was Jesuiten heute als ihre Leitlinien gewählt haben: Christlicher Glaube – soziale Gerechtigkeit – interreligiöser Dialog – moderne Kultur.

Vitus Seibel

Architektur einer Gemeinschaft

Impulse aus den Satzungen der Jesuiten

echter

Bibliografische Information der Deutschen Nationalbibliothek

Die Deutsche Nationalbibliothek verzeichnet diese Publikation in der
Deutschen Nationalbibliografie; detaillierte bibliografische Daten sind
im Internet über <http://dnb.d-nb.de> abrufbar.

© 2013 Echter Verlag GmbH, Würzburg
www.echter-verlag.de
Umschlag: Peter Hellmund
Druck und Bindung: fgb · freiburger graphische betriebe
ISBN
978-3-429-03583-9 (Print)
978-3-429-04700-9 (PDF)
978-3-429-06099-2 (ePub)

Inhalt

Vorwort

In der Reihe der Ignatianischen Impulse fehlte bis jetzt
ein Beitrag, der sich speziell mit den Satzungen des Je-
suitenordens befasst. Vielleicht kommt das daher, dass
sie an sich ja nicht für eine breite Öffentlichkeit, sondern für die Ordensmitglieder geschrieben sind. Ich
meine aber, dass man hier Perlen geistlicher Tradition
entdecken kann, Schätze, die gehoben werden dürfen.
Heutige Fragestellungen können durch die Satzungen
geistlich bedacht werden. So werden sie vielleicht auch
für Nichtjesuiten hilfreich und anregend sein. Hier eine Brücke zu schlagen, ist das Anliegen dieses kleinen
Buches.
Seit vielen Jahren beschäftige ich mich mit den Satzungen. Das hängt mit den Aufgaben zusammen, die
ich in meinem Orden hatte. Besonders während der
Zeit, in der ich die letzte Ausbildungsphase meiner
jungen Mitbrüder zu begleiten hatte, das so genannte
Tertiat, bildeten die Satzungen ein wichtiges Schwer-
punktthema. Dabei hat in besonderer Weise immer
auch Pater Peter Knauer mitgewirkt. Ihm bin ich deshalb zu großem Respekt und Dank verpflichtet. Dank
gilt auch vielen anderen Mitbrüdern. Ihre Erfahrungen sind in das Büchlein mit eingegangen, ohne dass
dies im Einzelnen noch genauer angegeben werden
könnte. In einer Gemeinschaft »profitiert« man ja voneinander, ohne dass dies immer genau registriert werden müsste.
Die Satzungen sind so etwas wie das Haus der Jesuiten. Es hat einen Bauplan, der dem geistigen Gebäude
zugrunde liegt. Es hat Funktionsräume und Einzel-

zimmer, Gebetsorte und Erholungsmöglichkeiten. Es gibt ein solides Fundament, Energieversorgung, feste Wände und ein schützendes Dach. Es hat Fenster, durch die man bis in fernste Fernen blicken kann. Und es hat Türen, weniger, um sie hinter sich abzuschließen, sondern vielmehr, um hinauszugehen in alle Welt. Die Satzungen stellen tatsächlich die Architektur der Gemeinschaft dar.

Zunächst führe ich in einem ersten Teil ein in die Eigenart und in die verborgene Dynamik der Satzungen. In einem zweiten Teil weise ich auf einige durchgehende Perspektiven hin und darauf, was sich daraus für heute ergeben könnte. In einem dritten Teil lege ich dasselbe an einigen Einzelthemen dar.

Benützt habe ich außer den üblichen Quellen vor allem die 1997 erschienene deutsche Übersetzung des spanischen Urtextes: Satzungen der Gesellschaft Jesu und Ergänzende Normen. Der deutsche Text der Satzungen wurde übersetzt durch Peter Knauer, die Ergänzenden Normen, d.h. die Fortschreibung der Satzungen ins Heute durch ein Team von Mitbrüdern. Die Satzungen sind durchgezählt (1–827), ebenso die Ergänzenden Normen (1–416). So zitiere ich sie auch. Die Satzungen werden auch Konstitutionen genannt. Unter diesem Ausdruck sind sie den Ordensmitgliedern vertraut. Ich verwende beide Bezeichnungen abwechselnd für ein und dieselbe Sache.

»Ein Leib für den Geist«, so lautet der Titel eines Buches des französischen Jesuiten Dominique Bertrand über die Konstitutionen. Ein trefflicher Ausdruck, denn sie sind tatsächlich so etwas wie die Verleiblichung der Geistlichen Übungen. Das »innere Gesetz der Liebe« (134) findet im Bauplan der Satzungen seine Verwirklichung. Beide bedeutenden Werke des

Ignatius von Loyola sind so in eine erhellende Beziehung gebracht.

Schön wäre es, wenn der eine oder andere Gedanke, der in diesem Büchlein den Konstitutionen entspringt, bei der Leserin oder dem Leser Wurzeln schlagen würde, sich also gewissermaßen verleiblichen könnte durch den Geist Gottes.

I. Die Eigenart der Satzungen

1. Das Labyrinth des Ignatius

»Ein Labyrinth«, so nannte Nicolas Bobadilla, einer der ersten Gefährten des Ignatius, nach dessen Tod die gerade vorliegenden Satzungen des jungen Ordens. Bobadilla fand, dass die Satzungen verwirrend seien, eben ein Labyrinth. Weder Obere noch Untergebene würden sie je verstehen können.

Vielleicht war sein Urteil noch getrübt durch eine Verärgerung. Ignatius hatte nämlich 1550 den ersten Gesamtentwurf den in Rom anwesenden Jesuiten zur Kritik vorgelegt. Anscheinend fand Bobadilla seine damals geäußerten Bedenken nicht genügend berücksichtigt. Es könnte auch sein, dass er sich als einer der Gründerväter des Ordens bei der Abfassung der Satzungen zu wenig beteiligt sah. Er sorgte dafür, dass auch Papst Paul IV. seine Beurteilung der Satzungen erfuhr. Darüber hinaus nannte er Ignatius einen Tyrannen. Dies führte zu einer schweren Krise, da auch der Papst wegen eines früheren Konflikts keine gute Meinung über Ignatius hatte. Die Krise konnte erst nach der Wahl des Nachfolgers des Ignatius behoben werden.

Zwei Jahre nach dem Tod des Ignatius fand die erste Generalkongregation der Jesuiten statt. Dabei wurden die Satzungen einmütig in Kraft gesetzt, und siehe da: auch mit der Stimme des inzwischen wieder besänftigten Bobadilla.

2. Ergebnis der Werkstattarbeit: Ja, aber …

Beim Verfassen der Konstitutionen wurden Vorlagen zu bestimmten Themenkreisen erarbeitet. Der wackere Sekretär Juan de Polanco hatte daran großen Anteil. Regeln der alten Orden wurden beigezogen. Teilentwürfe wurden in einzelnen Provinzen durch Vertraute, besonders durch Jeronimo Nadal und Pedro de Ribadeneira, vorgestellt. Die Erfahrungen vor Ort wurden rückgemeldet und eingearbeitet oder verworfen. Und immer wieder ging Ignatius betend die einzelnen Punkte der Satzungen durch. Ein erster Gesamtentwurf, der die Handschrift des Ignatius trägt, wurde den in Rom anwesenden Jesuiten 1550 vorgelegt. Ihre Anmerkungen wurden zum großen Teil berücksichtigt. Und das Ganze wurde immer wieder dem Urteil der Vernunft unterworfen. Denn Ignatius, der selber ein Mystiker war, misstraute bloßen Gefühlen und schwärmerischen Höhenflügen. Für ihn war ganz allgemein wichtiger, dass Leute, die von ihren eigenen, vermeintlich glanzvollen Ideen begeistert waren, nüchtern blieben, frei von ungeordneten Anhänglichkeiten. Denn sonst werden sie leicht zum Spielball ihrer Launen, die dann allerdings mit einem frommen Mäntelchen getarnt werden.

Was die Satzungen ausmacht, ist nicht mit *einem* Wort zu bezeichnen. Regel? Ja, aber auch Inspiration. Lehrhaft? Ja, aber auch geistlich. Normativ? Ja, aber auch motivierend. Für alle? Ja, aber auch Raum lassend für die Unterschiede vor Ort. Ein einigendes Band? Ja, aber auch berücksichtigend, dass die Persönlichkeiten unterschiedlich sind. Schwungvoll? Ja, aber auch geordnetes und nachvollziehbares Handeln. Klar? Ja, aber auch ausladend und mit vielen Wiederholungen. Gro-

ße Ziele? Ja, aber auch Abstieg bis in Banalitäten. Asketische Vorschriften? Ja, aber auch Atem der Freiheit.
Missionarisch? Ja, aber auch trockene Texte. Hochfliegend? Ja, aber auch maßvoll. Geschrieben, damit sie
gehalten werden? Ja, aber auch unterscheidend und
den Kontext berücksichtigend.

Candido de Dalmases, ein Ignatiuskenner, drückt es so
aus: »Ein Gesetz, das kein Gesetz ist. Ein Recht, das
kein Recht ist, weil die juridischen mit den geistlichen
Elementen so weise verschmolzen sind.« Und André
Ravier, ein anderer Experte, schreibt: »... wird man
unausweichlich feststellen, dass sie (die Konstitutionen)
mehr sind als ein Gesetzbuch, mehr als ein Plan für die
apostolische Arbeit, mehr als eine Sammlung von Erfahrungen, mehr als ein Leitfaden für die Sendungen.
Vielmehr sind sie die lebendige Frucht einer sehr hohen Gotteserfahrung; sie sind die in die menschliche
Ebene übertragene Antwort auf ein ergreifendes Fragen nach den Plänen Gottes, des Schöpfers und Erlösers; sie sind das angestrengte Bemühen einer Gruppe
von Gefährten, sich innerhalb der Kirche so zu organisieren, dass sie auf eine möglichst fruchtbare Weise
am göttlichen Erlösungswerk für die Welt mitarbeiten
kann.«

Daraus ergeben sich Hinweise, die auch heute zu bedenken wären, wenn man zu Werke geht. Was wir zustande bringen wollen, soll Frucht des Gebetes sein,
Frucht aber auch von gediegenen Überlegungen und
von Erfahrungen, die ihrerseits einer unterscheidenden
Liebe und dem Urteil reifer Menschen unterworfen
werden müssen. Und das Ganze ist immer auch in den
aktuellen Kontext zu stellen. Er erweitert auch gültig
bleibende Erkenntnisse, versieht sie mit neuen Akzenten und führt zu neuen Handlungsanweisungen.

3. Ein Fanfarenstoß – so beginnt es

»Wer immer in unserer Gesellschaft, von der wir wünschen, dass sie mit dem Namen Jesu bezeichnet werde, unter dem Banner des Kreuzes für Gott Kriegsdienst leisten und allein dem Herrn und der Kirche, seiner Braut, unter dem Papst, dem Stellvertreter Christi auf Erden, dienen will, der soll sich nach dem feierlichen Gelübde immerwährender Keuschheit, Armut und Gehorsams dessen bewusst sein, dass er Teil einer Gesellschaft ist, die vornehmlich dazu errichtet worden ist, um besonders auf die Verteidigung und Verbreitung des Glaubens und den Fortschritt der Seelen ... abzuzielen ... und er soll sich bemühen, zuerst Gott, dann die Art und Weise dieses seines Instituts, die ja ein Weg zu ihm ist, vor Augen zu haben und dieses ihm von Gott gesetzte Ziel mit allen Kräften zu erreichen; ein jeder jedoch nach der ihm vom Heiligen Geist gewährten Gnade und der eigenen Stufe der Berufung« (Formula Instituti 1 von 1550).

Wie ein Fanfarenstoß tönt dieser erste Satz der so genannten Formula Instituti, der Formel des Instituts, der Magna Charta des Ordens (auch wenn die äußere Gestalt des Satzes etwas schwerfällig scheinen mag). Dieses Grundgesetz, das durch die Satzungen erläutert und ausgelegt wird, wurde in einer ersten Fassung 1540 von Papst Paul III. genehmigt und in einer zweiten Fassung 1550 von Papst Julius III. bestätigt. Auf der Grundlage dieser Formula entfaltet sich also das Gesamtwerk der Konstitutionen, wie die Satzungen in der den Jesuiten geläufigen Bezeichnung genannt werden.

Wie die Formula Instituti ist auch das Credo, unser Glaubensbekenntnis, eine Art Kurzformel, und zwar unseres Glaubens. Es ist hilfreich, solche prägnanten

Zusammenfassungen zu probieren. Auch auf der persönlichen Ebene. Was ist mir wichtig? Was spricht mich besonders an in meinem Glauben? Was ist erprobt in meinen Gebeten, meinen Erfahrungen, meinen Überlegungen? Trägt es dazu bei, meinen Nächsten in aufbauender Weise mit einzubeziehen? Ist es offen für Korrekturen, für Fortschreibungen? Sind die Kriterien meiner Kurzformel ausgerichtet an Jesus Christus? Solche Kurzformeln müssen nicht unbedingt schreckliche Vereinfachungen sein. Sie sind geeignet, Entscheidendes immer wieder ohne große Anstrengung in Erinnerung zu rufen. In schwierigen Situationen können sie Wichtiges auf den Punkt bringen. Im Alltag können sie die Schönheit unseres Glaubens aufblitzen lassen.

4. Von der Ouvertüre zum Finale – ein Lebensskript

Nach der Formula Instituti, der Zusammenfassung dessen, wie der Orden sich versteht und was er will, folgen die Konstitutionen. Sie werden eingeleitet mit einer Art Präludium, dem so genannten *Examen*, einer Prüfung, die den Interessenten vor Augen geführt wird. Ein Kandidat soll wissen, auf was er sich einlässt und dass dies kein Zuckerschlecken werden wird. Und der Orden will die Neigung und Eignung des Eintrittswilligen prüfen.

Dann folgen die zehn Teile der Satzungen.

Im I. Teil wird die Zulassung behandelt. Wer glaubt, berufen zu sein, muss bestimmte Bedingungen erfüllen und sich verschiedenen Prüfungen unterwerfen, »um bei dem zu helfen, was die Gesellschaft (Jesu) in Bezug auf den göttlichen Dienst erstrebt« (147).

Der II. Teil handelt von der Entlassung derjenigen, die sich nicht bewähren oder die erkennen, dass ihr Weg ein anderer sein soll. Auffallend ist, dass sehr betont wird, mit wie viel Liebe und Taktgefühl die Trennung geschehen soll.

Der III. Teil hat die Bewahrung, Förderung und Vertiefung der Berufung zum Thema. Besonderer Wert ist darauf zu legen, dass das Gemeinschaftsgefühl eingeübt wird, der Korpsgeist, der die Gemeinschaft prägen soll. Eine besondere Betonung liegt auf dem Gehorsam. Er besteht nicht nur in einer äußeren Durchführung des Befohlenen, sondern in einem inneren Bemühen um Übereinstimmung mit dem Willen dessen, der befiehlt (284).

Der IV. Teil handelt von der Ausbildung der Ordensstudenten in den Wissenschaften.

Im V. Teil werden die unterschiedlichen Formen und Stufen der Eingliederung in den Orden vorgestellt.

Im VI. Teil kommt das persönliche Leben seiner Mitglieder zur Sprache.

Der VII. Teil ist der Sendung gewidmet. Das Leben der Mitglieder ist apostolisch, d.h. im weiten Sinne seelsorgerlich. Das ist das Ziel aller Arbeiten des Ordens. Insofern ist dieser VII. Teil das Zentrum aller zehn Teile.

Um das Wohl des Ganzen in diesem Vorhaben zu gewährleisten, stellt der VIII. Teil alles vor Augen, was den Leib zusammenhält und zur Einheit notwendig ist. Mit demselben Ziel befasst sich der IX. Teil mit dem besonderen Augenmerk auf die Leitung. Hier ist eigens hervorgehoben, »wie der Generalobere sein soll«, eine Fundgrube für alle, die ein Leitungsamt innehaben.

Der X. Teil schließlich beschreibt, »wie dieser ganze

Leib in seinem guten Stand bewahrt und gemehrt werden soll« (812). In diesem Finale findet man eine Art Zusammenfassung der ganzen Satzungen. Wie man das macht, den ganzen Leib zu bewahren und zu mehren, bleibt eine ständige Anfrage und ein Auftrag an den Orden, der ja auch, wie viele Gemeinschaften, unter starkem Rückgang zu leiden hat.

Dem äußeren Aufbau entspricht eine innere Richtung des Textes: Von den Anfängern zu den Ausgebildeten, von den Teilen zum Ganzen, vom Individuum zur Gemeinschaft, von der Ouvertüre zum Finale. Und in den einzelnen Kapiteln: vom Geistigen zum Leiblichen. Der letzte Satz des Gesamtwerks könnte diesseitiger oder banaler kaum sein: Die Stellen, an denen man Kollegien gründet, sollen gute Luft haben (827).

Dieser Aufbau bringt Wiederholungen mit sich, die aber in einem jeweils neuen Kontext Akzentverschiebungen bedeuten. Sie sind durch die unterschiedlichen Stufen der Eingliederung oder die verschiedenen Zielpunkte bedingt. Dies mag auch einer der Gründe gewesen sein, weswegen Pater Bobadilla die Satzungen zwischendurch nicht geschmeckt haben. Offensichtlich hatte sich ihm die Logik des Aufbaus nicht erschlossen. So wurde sie ihm zu einem Labyrinth.

Fragen, die sich ergeben, sind: Wie könnte das Buch meiner Satzungen, meines Lebens aussehen? Wie würde ich meine Reifungsstufen benennen? Wie könnten die Überschriften über die Abschnitte meines Lebens lauten? Wie habe ich meine Identität gewonnen? Was tue ich für mein Gottesverhältnis? Wie fördere ich meine Anlagen und Talente? Was sind die spezifischen Fallen, die mir das Leben schwer machen? Wie sehen meine Vorstellungen einer lebendigen Gemeinschaft aus? Wie gestalte ich meine Beziehungen zu anderen?

In welchen Gemeinschaften lebe ich? Was würde ich ihnen für ihr Wachsen wünschen? Wie geht meine Reifung zu einer eigenständigen Individualität zusammen mit der Entwicklung meiner Gemeinschaftsfähigkeit?

5. 17 + X – schöpferische Treue

Ignatius hat die Konstitutionen geschaffen und dabei während entscheidender Jahre vor allem die außerordentliche Unterstützung seines Sekretärs Juan de Polanco gehabt. In einer Mischung aus Gebet, Nachdenken, Entwürfen und praktischen Erprobungen sowie in der Auswertung der vor Ort gemachten Erfahrungen hatte das Ganze der Konstitutionen allmählich Form angenommen. In 17 Jahren entstand so ein Gebilde, das keiner anderen Ordensregel glich.

Die 1. Generalkongregation des Ordens billigte 1558, zwei Jahre nach dem Tod des Ignatius, die Konstitutionen und legte fest, dass keine Veränderungen mehr vorgenommen werden sollten. Ignatius selbst allerdings war der Meinung gewesen, dass die Konstitutionen für Veränderungen offen bleiben sollten. Man entschied sich aber dann aus Verehrung ihm gegenüber, den ursprünglichen Text unverändert zu belassen.

Im Laufe der Zeit wurde es aber notwendig, den veränderten Entwicklungen Rechnung zu tragen. Neue Zeiten, neue Konstellationen, kirchenrechtliche Veränderungen, tiefer gehende Erkenntnisse mussten berücksichtigt werden. So häuften sich Interpretationen, zusätzliche Erklärungen, Änderungen durch Generalkongregationen und Ordensgeneräle. Zuletzt (erst 1995) fand man die Lösung, die authentischen Interpretationen als »Ergänzende Normen« den Konstitutionen anzufügen. Da wird auch in Fußnoten zu den einzelnen Nummern der Satzungen gesagt, welche Texte geändert, erklärt, gestrichen wurden, mit vielen Quellenangaben für Äußerungen von Generalkongregationen, Päpsten, Ordensgenerälen oder des Kirchenrechts.

Diese Fortschreibung durch die Ergänzenden Normen hat einmal zu berücksichtigen, dass der Geist und soweit dies möglich ist auch der Buchstabe der Konstitutionen bewahrt wird. Das ist die Treue, die der Orden von sich selbst verlangt. Das Neue, das Aggiornamento, um ein Wort von Papst Johannes XXIII. zu gebrauchen, soll darin bestehen, die Grundgegebenheiten in der heutigen Welt verantwortungsvoll zu berücksichtigen. Diese schöpferische Treue deutet einerseits die Verantwortung für die ehrwürdige Tradition an, ist andererseits aber offen für den Fortschritt. Von der Formulierung »Verteidigung und Verbreitung des Glaubens und Fortschritt der Seelen« wird der Bogen geschlagen bis zu den letzten Generalkongregationen. Sie geben den heutigen Bewusstseinsstand wieder. Der »Gesamtdrive« des Ordens wird in den Kontext von heute gestellt.

Schon die 32. Generalkongregation (1974/75) hatte erklärt, dass zum Dienst am Glauben der Einsatz für die Gerechtigkeit unbedingt dazugehöre. Die 34. Generalkongregation (1995) hatte formuliert: »Kein Dienst am Glauben ohne Förderung der Gerechtigkeit, Eintritt in Kulturen, Offenheit für andere religiöse Erfahrungen« (Dekret 2, 47). Die 35. Generalkongregation (2008) sagt im Anschluss an die positiven wie negativen Auswirkungen der Globalisierung: »In allen unseren Diensten sind wir zu einem ernsteren Eingehen auf diese Wirklichkeit gerufen sowie dazu, die

Räume für einen fortgesetzten Dialog und das Nachdenken über das Verhältnis von Glaube und Vernunft, Kultur und Moral, Glaube und Gesellschaft auszuweiten, um das wahre Antlitz des Herrn den vielen zu zeigen, für die es heute noch verborgen oder unerkennbar ist« (Dekret 3,20). Der letzte Halbsatz ist ein Zitat aus der Ansprache Papst Benedikts XVI., die er an die Teilnehmer dieser Versammlung gerichtet hatte.

Die entscheidenden Orientierungspunkte, aus denen sich die heutigen Dienste der Jesuiten ergeben, sind also Glaube – Gerechtigkeit – Dialog – Inkulturation.

Diese aktuellen Anforderungen für heute sind nicht auf den Jesuitenorden beschränkt. Da sind viele Institutionen und Gemeinschaften mit einbezogen. Die Art, wie man sich den heutigen Herausforderungen stellt, entscheidet über die Lebendigkeit und Lebensfähigkeit. Und auch diese Frage kann verallgemeinert werden: Wie werden schöne Dokumente umgesetzt und durchgesetzt? Wie wird in der Kurzlebigkeit vieler modischer Trends eine Unterscheidung erreicht für das, was wichtig ist und wichtig bleibt? Was darf als gute und lebendige Vielheit angesehen werden, ohne die notwendige Einheit zu gefährden? Wie ist eine Nachhaltigkeit zu erreichen, die nicht immer wieder durch neue Papiere oder Dokumente eher entwertet als gestärkt wird?

II. Durchgehende Perspektiven

1. Gott zuerst, inmitten und zuletzt –
der Vorrang der Gnade

Weil es in den Satzungen darum geht, was »von unserer Seite« getan werden muss, ist es umso wichtiger festzuhalten, dass vor allem menschlichen Tun das steht, was Gott getan hat.

Diese grundsätzliche Einsicht verleiht allem, was von menschlicher Seite her getan werden soll, einen Antwortcharakter. Sie darf nicht vergessen werden, wenn von »Übungen« (Exerzitien) oder von Satzungen, von Apostolat oder von Tugendstreben oder von Nachfolge die Rede ist. Sonst würde alles in die Nähe einer Werkgerechtigkeit und Gesetzesfrömmigkeit geraten. Und dann würde alles, was angezielt ist, mit einem falschen Vorzeichen versehen.

Das Zuvorkommen wird im Vorwort der Konstitutionen so formuliert (134): »Zwar ist es die höchste Weisheit und Güte Gottes unseres Schöpfers und Herrn, die diese geringste Gesellschaft Jesu in ihrem heiligen Dienst bewahren, leiten und voranführen muss, wie sie sich gewürdigt hat, sie zu beginnen...« Und nur so können die Satzungen dann mit Recht übergehen auf die menschliche Seite. Das Tun des Menschen, das die Satzungen zum Inhalt haben, ist umfangen von der Gnade Gottes »durch die allmächtige Hand Christi, unseres Gottes und Herrn«. Daher »ist es notwendig, auf ihn allein unsere Hoffnung zu setzen ...« (812).

Was der Mensch versucht, ist eine Antwort, die aus Liebe geschehen darf. Sie ist ihrerseits wieder durch die Gnade des Gottesgeistes getragen: »... und auf unserer Seite muss mehr als irgendeine äußere Satzung das innere Gesetz der Liebe und Güte, welches der Heilige Geist in die Herzen schreibt und einprägt, dafür helfen« (134).

Der Versuch, diese Liebe zu verleiblichen, also mit der Gnade Gottes mitzuwirken, ist das, was die Konstitutionen wollen. Sie sollen durch Menschen verwirklicht werden, die in allem bereit sein wollen für die Konkretisierung des Willens Gottes in einer Gemeinschaft des Dienstes für Gott und die Menschen. Es werden vier Gründe angegeben, alles in Satzungen niederzulegen (134): Die freundliche Fügung der göttlichen Vorsehung verlangt von ihren Geschöpfen Mitwirkung. Der Papst hat es so aufgetragen. Die heiligen Ordensgründer haben es so gemacht. Und schließlich: Es ist vernünftig. Ignatius möchte mit diesem vierten Grund einer Schwärmerei entgehen, die es liebt, sich über feste Regeln und Abmachungen erhaben zu fühlen. Da wird erfahrungsgemäß manches als Heiliger Geist ausgegeben, was oft nicht viel mehr ist als der eigene Vogel. Die Rückbindung an das, was vernünftig ist, konkret auch an das, was innerhalb der Kirche bleibt, gehört so zu den Vorgaben dessen, was die Konstitutionen von den Gliedern erwarten.

Die Fragen, die sich damit auch für heutige kirchliche Gemeinschaften und für ein christliches Leben stellen, sind hochaktuell. Das Gewissen als letzte Norm des Handelns steht oft in Spannungen oder sogar in Konflikt mit dem Willen Gottes und seinen Geboten. Hat Gott den Vorrang bei meinem Handeln? Ist meine Mündigkeit eingebunden in die Vorgaben des Glaubens? Berücksichtigt meine Freiheit eine verantwortete Unterscheidung der Geister und vernünftige Begründungen für mein Leben und Handeln? Ist das, was ich in mein Lebensskript aufnehme (in meine Konstitutionen sozusagen), auf mein ewiges Ziel ausgerichtet oder auf meine persönlichen Vorlieben? Verwende ich die vorausgehende und rettende Gnade Gottes zur Rechtfertigung billiger Handlungsweisen?

2. Was einem flämischen Jungjesuiten einfiel …

Hundert Jahre nach der Ordensgründung haben flämische Ordensstudenten in ihren praktischen stilistischen Übungen Rückschau auf den Orden und die ersten Gefährten gehalten. Einer verfasste eine Art Grabinschrift auf Ignatius: Nicht begrenzt werden vom Größten und dennoch einbeschlossen sein vom Geringsten, das ist göttlich.

Friedrich Hölderlin nannte diese Zeilen »Grabspruch des Loyola«. Er setzte sie seinem Hyperion voran. Man könnte den Spruch fast als Überschrift über die Konstitutionen schreiben. Die hohen Prinzipien, die umspannenden Ideen und Ideale, die großen Ziele strecken sich aus nach dem unendlichen Gott. »Alles zu seiner größeren Ehre« wird zur Devise des Ordens, und der Komparativ will ausdrücken, dass darin die Sehnsucht nach Vollendung an kein Ende kommt. Und im zweiten Wahlspruch des Ordens, »den Seelen helfen«, waltet die gleiche Tendenz, das Heil des ganzen Menschen und aller Menschen zu suchen. Das ist: nicht begrenzt werden vom Größten. Und gleichzeitig steigen die Konstitutionen herab bis in die Einzelheiten nüchterner Überlegungen und Anweisungen. Das ist: einbeschlossen sein vom Geringsten.

Dazu ein paar Beispiele: Im IV. Teil wird am Anfang das Ziel des Studierens genannt, nämlich den Nächsten zu helfen. Im Verlauf der Darlegungen geht es bis in

Kleinigkeiten, wie z.B. dass vor Beginn der Vorlesungen beim Gebet die Kopfbedeckung abgenommen wird oder ob Doktoren und Lehrer durch Abzeichen kenntlich gemacht werden sollen. Im VI. Teil geht es von den hochgemuten Gelübden bis zum halblauten Sprechton bei der Verrichtung des Gebets für einen verstorbenen Mitbruder. Der erste Satz des VII. Teils spricht davon, dass das Ziel des Ordens die Hilfe für den Nächsten ist, und im letzten Satz geht es um Regelungen der Hausämter und anderer einzelner Dinge. Im ersten Satz des X. Teils ist gesagt, dass die Gesellschaft ihre ganze Hoffnung auf Christus zu setzen hat, und der letzte Satz handelt davon, dass man bei der Gründung von Häusern darauf achten soll, dass die Luft gut ist.

Die Art, wie einer sich einbringt in die Erfordernisse konkreter Kleinigkeiten, ist der Test seiner Glaubwürdigkeit im Einsatz für das Ganze. Auf der anderen Seite werden die Dinge ohne Verbindung mit dem letzten Ziel oft beliebig oder man verbeißt sich unbelehrbar in Kleinigkeiten. Da werden dann oft Nebenkriegsschauplätze eröffnet oder Skurrilitäten gepflegt ohne Sinn und Verstand, aber mit dem hohen Anspruch großer Wichtigkeit. Oder die vielen Sorgen des Alltags verstellen den Blick für das Ganze. Sie können atemlos machen, aber wofür? Jedenfalls scheint in dem Grabspruch etwas ausgedrückt zu sein von dem, was die Satzungen anzielen. Und dies könnte etwas sein, was nicht nur manche Jesuiten, sondern darüber hinaus auch Menschen in und außerhalb unserer Kirchen zur Gewissenserforschung anregen könnte. Es handelt sich um die sinnvolle Ordnung unseres Tuns, um die rechte Motivation unseres Tuns und um die geistliche Überprüfung unseres Tuns, ob es denn auch noch dem entspricht, wozu das Ideal angeleitet hatte. Der Geist erweist sich dann als echt, wenn es der Geist Jesu ist. Wenn es der Geist dessen ist, der nicht daran festgehalten hat, Gott zu sein, sondern Mensch geworden ist um unseretwillen.

3. *SJ* = *System Je* nachdem

An vielen Stellen der Satzungen fällt auf: Zuerst werden allgemeine Richtlinien gegeben und dann wird oft in einer entsprechenden Erläuterung gesagt: »außer wenn dem Oberen etwas anderes gut scheint«. So wird zum Beispiel die in den Orden allgemein übliche Regel betont, dass man nicht allein, sondern mit einem vom Oberen bestimmten Begleiter aus dem Haus gehen soll (247). Und gleich darauf wird das eigentlich Bedeutende gesagt, dass nämlich der Obere zuverlässige Leute auch allein schicken kann und dass dazu nicht jedes Mal eine Extraerlaubnis erteilt werden muss (248). Ähnlich die Anweisung, bei der Beauftragung mit schwierigen Unternehmungen genaue Job-Beschreibungen mitzugeben (629). Und wenn sich dann Mitbrüder angesichts der Umstände vor Ort entschließen, anders zu handeln, werden sie dafür nicht getadelt, sondern gelobt.

Ein Beispiel, wie Ignatius das Vorgehen einzelner Jesuiten einschätzte, wenn sie angesichts der Situation die präzisen Vorgaben nicht einhielten, beschreibt Luis Gonsalves da Camara in seinen Erinnerungen: Ignatius gibt einem Pater für die Verhandlung einer Sache mit einem Kardinal Direktiven für das Gespräch mit. Was er anzielen solle und welche Mittel dafür in Frage kämen. Aber dann: »Ich will, dass ihr dort die Mittel anwendet, von denen der Herr euch lehrt, dass sie die angebrachtesten sind, und ich lasse euch in aller Freiheit, dass ihr tut, was euch am besten scheint.« Entsprechend dann auch die Frage nach der Rückkehr: »Kommt ihr zufrieden mit euch?« Damit meinte er, ob sich der Unterhändler die Freiheit genommen habe, so zu handeln, wie es ihm angesichts der Umstände richtig schien.

Das alles sieht nach einer Wendigkeit aus, wegen der Freunde des Ordens die Bezeichnung SJ (Societas Jesu) scherzhaft *System Je* nachdem getauft haben. Feinde des Ordens bringen dafür kein Verständnis auf. Vielmehr schien ihnen das eher zu bedeuten, dass die Jesuiten ihr Mäntelchen in den Wind hängen und dass Schlauheit und Raffinesse ihre Kennzeichen seien. Und ihr Wahlspruch sei: »Der Zweck heiligt die Mittel.« Wie dies dann ausgefaltet wurde, las sich in einem Pamphlet eines Dr. Anzenberger so: Die Jesuiten »sind die Folterknechte des gesunden Menschenverstandes, die Maulwürfe und Blindschleichen im Tageslicht der Zeit, der Grünspan an der St. Peterskirche, die Advokaten der Hölle, der Wurmstich am Reichsapfel der Fürsten, die Großmeister vom Orden der privilegierten Königsmörder, die Irrlichter in den Sümpfen des Aberglaubens«. Überliefert hat das R. Eckart in seinem Buch »Hundert Stimmen aus vier Jahrhunderten über den Jesuitenorden« (Leipzig 1904).

Ein Jesuit setzte im 19. Jahrhundert übrigens einen Preis für den aus, der beweisen könne, dass man den Satz ›Der Zweck heiligt die Mittel‹ in den Schriften des Ordens finden könne. Der Preis wurde nie abgeholt. Natürlich nicht. Einen guten Zweck mit verwerflichen Mitteln zu erreichen (und das meint der Satz) ist unmoralisch und natürlich nicht eine Ordensmaxime.

Was das *System Je nachdem* in Wirklichkeit meint, ist ein wirkungsvolles Apostolat. Das soll nicht durch enge Regeln behindert werden. Es soll gelten: Lasst uns den Menschen helfen. Und dazu sollen die Regeln so gestaltet werden, dass dies möglichst gut gelingen kann. Die Freiheit, die in den Konstitutionen mitgeliefert wird, gibt dazu sehr viel Raum.

Heute würde man dies vielleicht als situationsgerechte Seelsorge bezeichnen. Die Regeln dienen dazu, das Apostolat zu ermöglichen im Kontext der jeweiligen Bedingungen und Situationen. Der Orden will nicht ein Duckmäusertum fördern oder dass man sich kleinlich auf Vorschriften beruft, um nicht aus der sicheren Deckung zu müssen. Die Konstitutionen atmen gerade in dem, was in dem *System Je nachdem* angelegt ist, den Geist, der in den besten Vertretern nach einem Ausdruck im Exerzitienbuch als »grande animo« bezeichnet werden darf, als Geist der Freiheit und der Großmut, wenn und weil es um die Ehre Gottes und das Heil der Menschen geht.

Für manche Menschen ist heute mit kleinsten Änderungen schon die Bedrohung des ganzen Systems verbunden. Man meint, Sicherheit nur mit dem Festhalten am Buchstaben bewahren zu können. Anpassung, Wagemut oder gar Experimente sind dann ganz schnell Anschläge auf die Wahrheit. »Unheilspropheten« hat Johannes XXIII. solche Leute genannt. Natürlich muss man unterscheiden zwischen Prinzipientreue und Leichtfertigkeit, zwischen Bedacht und Gedankenlosigkeit, zwischen Bewahrung der Flamme und purer Lust am Zündeln. Dies alles als selbstverständlich vorausgesetzt, bleibt aber die Frage, ob nicht heute wieder zu viel Ängstlichkeit in unserer Kirche zu Hause ist und dadurch Barrieren aufgerichtet werden oder Fenster zugeschlagen und Türen verrammelt werden. Ist Veränderung, ist Wandel immer gefährlich oder gar böse? Wer heute auf ›Nummer Sicher‹ gehen will, braucht Mut zum Wagnis.

4. Typisch jesuitisch

Mehr als zwanzigmal kommt in den Konstitutionen der Ausdruck *noster modus procedendi* vor. Übersetzt bedeutet er soviel wie »unsere Weise voranzuschreiten, unsere Lebensweise, unsere Handlungsweise«. Was, wie man meint, typisch jesuitisch ist, kommt in den Witzen über die Jesuiten zum Vorschein. Da wird eine gewisse Cleverness, eine schlaue Überlegenheit als Pointe benannt. Das ist nicht einmal beim ersten Hinhören schmeichelhaft. Vielmehr kommt darin eine versteckte Kritik zu Wort. Und so ist es auch von den Pfarrern gemeint, die es lieben, diese Witze zu erzählen. Ein kleines Beispiel: »Ein Jesuit wird gefragt: ›Stimmt es, dass die Jesuiten auf eine Frage immer mit einer Gegenfrage kontern?‹ ›Wer hat das gesagt?‹« Oder: »Zwei Nonnen unterhalten sich über die Jesuiten. Die eine zur anderen: ›Die Jesuiten, ja, du hast recht. Es sind Männer, die wissen alles – aber sonst gar nichts!‹«

Es fällt auf, dass im Kontext der Weise des Vorgehens in den Konstitutionen oft eher beschrieben wird, was nicht dazu passt: Sehr schwierige oder für die Gemeinschaft unnütze Leute aufzunehmen entspricht nicht unserer Weise des Vorangehens (152). Ebenso sind nicht zu gebrauchen starrköpfige Leute (152). Wenn Stifter Bedingungen stellen, die nicht unserer Weise des Vorangehens entsprechen, ist Vorsicht geboten (321).

Positiv gehört zur Weise des Vorangehens das ›Magis‹,

das heißt, nicht auf dem Erreichten auszuruhen, sondern es noch besser zu machen (347). Um richtig vorangehen zu können, braucht es völlige Offenheit gegenüber dem Oberen. Der muss über die Stärken und Schwächen Bescheid wissen, um den Mitbruder möglichst gut einsetzen zu können (92). Zur Weise des Vorangehens gehört das gelebte Beispiel, mit dem die Erfahreneren den weniger Erfahrenen zu Hilfe sein sollen: »... Ebenso wenn ein in der Weise des Vorgehens der Gesellschaft und im Umgang mit den Nächsten weniger Geübter gesandt wird, so scheint es, er solle mit einem anderen zusammengetan werden, der mehr Erfahrung darin hätte; ihn könnte er nachahmen und, wenn Dinge vorkommen, die für ihn zweifelhaft sind, sich mit ihm besprechen und beraten« (624). Dieses Prinzip der Personalisierung zieht sich durch die Konstitutionen, auch da, wo nicht die Vorgehensweise wörtlich genannt ist. Ebenso verhält es sich mit dem Prinzip der Unterscheidung der Geister. Die Konstitutionen praktizieren, was die Exerzitien geistlich vorgegeben haben: das Abwägen vor Gott; das Bedenken des Ziels »im Herrn«, wie es immer wieder heißt; die Überprüfung der Mittel, um zu wählen, was mehr (»magis«) dem Ziel entspricht. Im Ganzen geht es um das Zusammenspiel der geistlichen Ausrichtung mit einer Lebenspraxis, die in einer schwungvollen, nüchternen und verantwortungsbewussten Weise das zustande bringt, was man dann als typisch jesuitisch bezeichnet, ohne dass man dies bis auf den Punkt genau definieren könnte. Jedenfalls ist die richtige Mischung wichtig, damit eine Gruppe ein ausgewogenes Verhältnis entwickeln kann zwischen Individualität und Gemeinschaft, zum Wohle des Ganzen und zur Erreichung der gesteckten Ziele.

Pater Pedro Arrupe, der in der für den Orden sehr bewegten Zeit nach dem II. Vatikanischen Konzil der Generalobere war, hat in einem Aufsatz aus seinen letzten Regierungsjahren (1979) die Eigenart, das typisch Jesuitische, das sich in der Weise des Vorangehens äußert, zu benennen versucht. Die Eigenschaften kommen aus der von den Exerzitien geprägten Christusnachfolge. Sie können auch aus den Konstitutionen erhoben werden: Liebe für die Person Jesu Christi; Verfügbarkeit; ein Geist der Freiwilligkeit; Universalität; ein Geist der Einheit; Feingefühl für das Menschliche; Strenge und Vortrefflichkeit; Liebe zur Kirche; ein Sinn für die Unterscheidung; Feingefühl in der Sache der Keuschheit, ein Sinn für unsere Gesellschaft Jesu. Das alles ergibt eine Art unverwechselbaren »Stallgeruch«, wie er wohl für jede Ordensfamilie bezeichnend ist.

Das führt zu den heutigen Fragen: Wie kommt ein Mensch als Einzelner zu seiner Originalität, in der sich seine typische Eigenart manifestiert? Aber auch: Wie kann eine Gruppe lebendig, originell und wirkkräftig bleiben oder wieder werden? Wie gehen Individualität und Gemeinschaft so zusammen, dass daraus eine typische und hilfreiche Art des gemeinsamen Vorangehens wird? Wenn die Individualität übertrieben wird, kommt die Gruppe nicht zu ihrem Recht und reagiert mit Abwehr oder Neid oder Aggression. Einzelne geraten dann in Gefahr, exkommuniziert zu werden. Wenn die Bedeutung der Gruppe überzogen wird, wird die Eigenverantwortung unterdrückt. Die Gruppe scheint alles im Griff zu haben. Das kann zu einer Selbstzufriedenheit führen, die glaubt, Auseinandersetzungen mit Problemen nicht nötig zu haben. So hat man eine Entschuldigung, sich um die nicht groß kümmern zu sollen, die »draußen« sind, der Umgang mit »denen« sowieso zu nichts führt. Wie geht die Großgruppe Kirche mit diesem Dilemma um?

5. Leben in Spannungen – spannendes Leben

Die Zielsetzungen der Konstitutionen sind anspruchsvoll, die Tätigkeitsfelder der Jesuiten manchmal heikel. Dazu begegnen die Ordensmitglieder oft gegensätzlichen Erwartungen bei den Menschen, zu denen sie gesandt werden. Es gibt unterschiedliche Mentalitäten, Prägungen, Verhältnisse und Meinungen. Dies bringt es unweigerlich mit sich, dass einer, der das Leben eines Jesuiten wählt, sich bewusst ist: Ohne Spannungen wird es nicht gehen.

Die Konstitutionen wollen es ermöglichen, sich in diesen Spannungen engagiert, vertrauensvoll und verlässlich zu bewegen. Damit solche Spannungen ertragbar bleiben, ja fruchtbar werden können, braucht es ein starkes geistliches Fundament, zu dem die Geistlichen Übungen einen wichtigen Beitrag liefern. Die Konstitutionen ihrerseits bieten darüber hinaus nicht nur die ständige Herausforderung, sondern auch die Hilfen, die eine Solidargemeinschaft geben kann.

Das Dasein und Arbeiten der Jesuiten in Spannungen erfordert Erfahrung im Unterscheiden und im Entscheiden. Männer der Kirche sollen sie sein und solidarisch mit den Schwierigen, entschieden für die Wahrheit und barmherzig zu den Schwachen. Sie sollen einen Sinn haben für das Ganze und sich gleichzeitig einsetzen vor Ort. Freude an ihrer Berufung sollen sie haben und beharrlich sollen sie sein, wenn es schwierig wird. Dazu kommen die großen Spannungspaare Freiheit und Bindung, Geist und Buchstabe, Flexibilität und Treue. Und natürlich auch die Vorgabe, nicht nur um das eigene Seelenheil besorgt zu sein, sondern auch um das Heil der anderen. Wanderapostel sollen sie sein, aber auch Stabilität zeigen in großen Werken. In der Welt leben sie und sie sollen nicht von der Welt sein. Andere Spannungspaare sind Nähe und Distanz, Bescheidenheit und Angriffslust. Angewiesen sein auf die Mächtigen und sich nicht korrumpieren lassen. Intellektuelle Brillanz und Demut. Die Heimat im Himmel haben und die Erde als Arbeitsfeld. Geschenkte Gnade und eigenes Mitwirken. Gottvertrauen und Eigeninitiative.

Wer sich auskennt in den Realitäten dieser Welt und in dem, was der Glaube will und was die Kirche klarmachen und bewirken möchte, wird leicht sehen, dass dies in Zerreißproben führen kann. Wir bewegen uns da auch nicht in vergangenen oder auf einen Orden beschränkten Geschichten. Die Gegenwart weiß um die Aktualität dieser Spannungen. Wie bewältigt man die Anforderungen am besten? Spannungen können Angst machen. Spannungen können aufregen. Sie können zu Verwerfungen führen. Aber auch: Spannungen gehören zum Menschsein. Sie brauchen nicht Angst zu machen. Sie können ja auch bewältigt werden. In Spannungen zu leben hält lebendig. Spannungen bringen das Ganze weiter. Denn sie auszuhalten bewahrt vor allzu schnellen und nur vermeintlich plausiblen Einseitigkeiten und schrecklichen Vereinfachungen. Die von Ignatius stark betonte Tugend des Maßes ist gerade für ein Leben in Spannungen wichtig und hilfreich.

6. Kein Strohfeuer – angelegt auf Nachhaltigkeit

Wie sorgt man für Nachhaltigkeit? Ignatius legt großen Wert darauf, dass die Konstitutionen nicht Buchstabe bleiben, sondern verinnerlicht werden und prägen. Dazu dient der X. Teil, den er überschreibt: »Wie dieser ganze Leib in seinem guten Stand bewahrt und gemehrt werden soll« (812). Zuerst wird betont, dass es die Hand Christi ist, die das Werk garantiert und erhält, und dass man deshalb mit ihm betend verbunden sein soll. Danach geht es um die menschlichen Mittel: Um die Art, wie man mit Menschen umgeht (814). Um Glaubwürdigkeit durch Armut: »Jeder Anschein von Habgier muss sehr weit verbannt werden« (816). Und die Ehrsucht muss ausgeschlossen werden. Sie ist »die Mutter aller Übel in jedweder Gemeinschaft oder Vereinigung« (817). Das ist auch der Grund, weswegen keine Prälaturen oder Würden angestrebt werden sollen (817). Man soll nur wirklich geeignete Leute aufnehmen. Sie müssen den eigenen Willen hintansetzen können (819). Die Glieder müssen fest entschlossen sein, einander mit Güte und Liebe zu begegnen und untereinander durch ausgiebige Nachrichten in Verbindung zu bleiben (821). Und auch das Band des Gehorsams soll der Erhaltung des Ordens dienen (821). Zur Nachhaltigkeit gehören auch Wiederholungen, das heißt, dass man sich oft durch die Lektüre der Konstitutionen in Erinnerung rufen lässt, worum es geht. So braucht es wegen unserer gebrechlichen Natur Einübungen, positive Gewohnheiten (291).

Es ergibt sich aus diesen Nummern, aber auch aus vielen anderen Stellen, die enge Verbindung der Konstitutionen mit den Exerzitien und mit der immer vorausgesetzten Grundlegung in der Heiligen Schrift und der Einbettung in die Tradition.

Wenn die Gesellschaft auf Dauer bestehen will, soll sie sich lösen von Habgier, Ehrsucht und Eigenwillen. Anscheinend hat man von Anfang an unangenehme Erfahrungen gemacht mit Männern, die das nicht fertiggebracht haben. Im Rückblick meinte Ignatius, man hätte die Hand geschlossener halten sollen, das heißt, man hätte beim Aufnehmen und Behalten von Kandidaten strengere Maßstäbe anlegen sollen. Heute ist das hochaktuell beim Zurückgehen von Ordensberufen. Da gibt es dann die Versuchung, die Augen geschlossen und die Hand offen zu halten.

Es gibt Untersuchungen darüber, was einen Orden, eine geistliche Gemeinschaft, eine Großgruppe am Leben hält. Da braucht es erstens eine Vision, eine zündende Idee, eine überwältigende Erfahrung. Sodann ist nötig eine Gemeinschaft von Gleichgesinnten. Des Weiteren muss ein Programm dazukommen, das die Grundregeln zum Inhalt hat. Und schließlich muss das Ganze auch verwaltet werden, wozu die Administration helfen soll.

Es bleibt nicht aus, dass der eine oder andere Pfeiler bröckelt. Eine Vision verliert den ersten Schwung. In eine Gemeinschaft schleichen sich Hässlichkeiten ein. Das Programm verblasst. Am längsten scheint sich meist die Administration zu halten, aber oft ist dies eine Verwaltung des Mangels und die Lebenskraft ist dahin. Damit es nicht so weit kommt, braucht es geistige Wachheit. Man muss sich den Anforderungen auf allen Ebenen immer wieder stellen, sonst bleibt eine Unternehmung auf Dauer nicht lebensfähig.

7. Die ganze Welt ist unser Haus – die apostolische Dynamik

Aus den Beratungen der ersten Jesuiten erwuchs eine Absichtserklärung, die schriftlich vorliegt. In dieser kurz gefassten Formel, die sie dem Papst vorlegten, beschreiben sie, worum es ihnen ging. Darin heißt es: Der Jesuit soll wissen, »dass er Teil einer Gesellschaft ist, die vornehmlich dazu errichtet worden ist, um besonders auf den Fortschritt der Seelen ... und auf die Verbreitung des Glaubens abzuzielen ...« (Formula Instituti von 1540, Nr. 1). Dieses Ideal wollten die Gefährten möglichst gut realisieren. Und dazu sollten die Satzungen die Handreichung sein, besonders der VII. Teil. Hier wird das Ziel des Ordens, die Arbeit für den Nächsten »im Weinberg des Herrn« (603), konkretisiert.

Die Sendungen durch den Papst nehmen die erste Stelle ein. Er soll entscheiden, wohin in alle Welt sie gehen sollen. Dasselbe soll dann auch durch die Oberen geschehen, immer im Bewusstsein, dass »die ganze Welt unser Zuhause« ist. So formuliert es Jeronimo Nadal, einer der Jesuiten, die zur Bekanntmachung und Umsetzung der Konstitutionen unermüdlich von Ort zu Ort reisen.

Es werden Kriterien für die Auswahl der Arbeiten aufgeführt, zum Beispiel: Man soll dahin gehen, wo die Not am größten ist; wo man mehr Frucht erreichen kann; wo man Multiplikatoren ausbilden kann, die die begonnenen Werke fortsetzen können; wohin sonst niemand geht. Dazu braucht es fähige Leute, hervorragend ausgebildet, solide in den Tugenden, kirchlich gesinnt, bereit, in schwieriges Terrain zu gehen.

Zu Beginn sah das nach Projektarbeit aus, nach kurzfristigen Aufträgen, nach zeitlich begrenzten Unternehmungen, nach einer Art Berufsfeuerwehr der Kirche. Deswegen wollte Ignatius ja auch kein gemeinsames Chorgebet, keine klösterliche Abgeschiedenheit. Keine das Apostolat einschränkenden Regeln sollten den Eifer für die Menschen hemmen. Franz Xaver wirkt in Indien, in Japan, auf den Molukken und stirbt vor den Toren Chinas. Petrus Canisius legt in Europa unglaubliche Reisekilometer zurück zwischen den Stationen seines Wirkens. In Südamerika probieren die Jesuiten mit erstaunlichen Seelsorgemethoden ein »heiliges Experiment«: die Reduktionen. In China gelangen sie durch ihre feinfühlige Anpassung bis an den Kaiserhof. Dies sind konkrete Belege dafür, wohin die Konstitutionen die Richtung wiesen. Natürlich musste dazu sorgfältig analysiert werden, was aus den konkreten Anfragen, Problemen und Erfahrungen folgte, um die bestmöglichen Schritte zu gehen, auch dies ja ein Prinzip der Satzungen.

Das brachte bald einen neuen Schwerpunkt hinzu: die Schulen. In der Situation der Kirche angesichts der Reformation und der innerkirchlichen Anstrengungen zur Reform zeigte sich nach wenigen Jahren, dass hier ein Seelsorgeinstrument gefunden wurde, das wirkungsvoller nicht hätte sein können. Jedoch verlangte die Arbeit in den Schulen eine gewisse Stabilität, die die Beweglichkeit des Ordens einschränkte. Aber diese Offenheit für neue Entwicklungen entspricht genau dem Geist der Konstitutionen.

Die Erfahrungen und Rückmeldungen von den Stätten, an denen der Orden arbeitete, standen so aber oft auch in Spannung mit den bewährten Traditionen. Wagemut ohne Rückbindung kann zu Eigenmächtigkeit führen. Vorsicht ohne Wagemut kann zu Bedeutungslosigkeit verkommen. In solchen Spannungen sucht der Orden seinen Weg bis heute. Die den Konstitutionen angefügten Ergänzenden Normen schreiben die heutigen Belange durch die letzten Generalkongregationen in aktueller Weise fort. Worum es da geht, wurde von Paul VI. 1974 vor den versammelten Repräsentanten des Ordens einmal so ausgedrückt: »Überall in der Kirche waren und sind Jesuiten stets an der schwierigsten, vordersten Front, an den Scheidewegen, dort, wo verschiedene Lehren einander gegenüberstehen, wo soziale Konflikte aufbrechen, wo die leidenschaftlichen Forderungen der Menschen und die ewige Botschaft des Evangeliums aufeinanderstoßen.« Oder hatte Kurt Tucholsky Recht, als er ein bissiges Urteil über die Kirchen abgab? 1930 schrieb er unter seinem Pseudonym Ignaz Wrobel in der Weltbühne: »Was an der Haltung beider Landeskirchen auffällt, ist ihre heraushängende Zunge. Atemlos japsend laufen sie hinter der Zeit her, auf dass ihnen niemand entwische: ›Wir auch, wir auch!‹, nicht wie vor Jahrhunderten: ›Wir!‹ Sozialismus? Wir auch! Jugendbewegung? Wir auch! Sport? Wir auch! Diese Kirchen schaffen nichts. Sie wandeln das von andern Geschaffene, das bei andern Entwickelte in Elemente um, die ihnen nutzbar sein können.«

Was gefragt wäre, damals wie heute, ist eine missionarische Dynamik, die in Respekt vor dem Eigenwert anderer Religionen für die Wahrheit eintritt, dialogisch, mutig, demütig im Wissen um geschichtlich begangenes Unrecht.

III. Einzelthemen

1. Männer für eine gefährliche Reise

Das den Satzungen vorgeschaltete Examen, eine allgemeine Darlegung für die, die in den Orden eintreten wollen, arbeitet nicht mit Schönfärberei. Im Gegenteil: Es wird nicht verheimlicht, dass Christusnachfolge in einem Orden keine leichte Sache ist. Aus dem Text ergibt sich das, was Ernest Shackleton (1874–1922) in einer berühmten Annonce für die Bewerber seiner Antarktisexpedition so ausgedrückt hatte: »Männer für gefährliche Reise gesucht. Geringer Lohn, bittere Kälte, lange Monate totaler Dunkelheit, ständige Gefahr, sichere Rückkehr ungewiss. Ehre und Anerkennung im Erfolgsfall.« Das ist nicht die Art, wie heute große Betriebe in Zeitungsanzeigen ihre Führungsaufgaben ausschreiben: siebenstelliges Jahresgehalt, Karriereleiter nach oben offen, strategisches und marktorientiertes Handeln Voraussetzung. Flexibilität und Durchsetzungsvermögen zur Gewinnmaximierung für die Aktionäre erwartet. Stattdessen werden ungeschminkt die Beschwerlichkeiten aufgezeigt. Und es geht um eine Karriere nach unten, die nicht an sich selber denkt, sondern an die anderen, denen man zu Diensten sein soll. Das bedeutet: Es geht nicht um Besitz, nicht um Geltung, nicht um Macht.

Eigentlich sind das ja Anforderungen nicht nur für Ordensleute, sondern, natürlich ohne Gelübde, für alle Christen. Im Evangelium ist doch auch vom Kreuz die Rede, von Hingabe des Lebens, von geistlicher Auseinandersetzung mit den widerstreitenden Einflüssen und deren plausibel scheinenden Einflüsterungen.

Und die Entscheidungen für das Gute gegen das Böse sind zwar heilbringend, aber nicht gerade süffig und leicht.

Hier liegen die Fragen, wie weit wir die Anforderungen des Evangeliums uminterpretieren, um einigermaßen ungeschoren davonzukommen. Zum persönlichen Gebrauch klaubt man sich vielleicht die angenehmen Dinge heraus. Was schwierig scheint, wird relativiert. Eine »Nachfolge light«? Oder nach dem Motto: »Wasch mich, aber mach mir den Pelz nicht nass«? Es geschieht dann auch manchmal eine Verlagerung auf die üblichen Nebenkriegsschauplätze Zölibat, Priesterweihe der Frauen, römischer Zentralismus, Papstkritik, Kirchenkritik. Natürlich darf die Christusnachfolge von diesen Fragen nicht unberührt bleiben. Aber ist damit die Entscheidung für einen aufrechten Glauben, eine mutige Hoffnung, eine geduldige Liebe trotz aller vorgeblichen oder wirklichen Hindernisse unmöglich?

2. Das Mittelmaß – die Mitte zwischen den Extremen

»Die Beschränkung in den geistlichen und körperlichen Anstrengungen und das Mittelmaß in den Satzungen, die weder zu einem Extrem an Härte noch allzu großer Lockerheit abweichen sollen – und so kann man sie besser einhalten –, wird dazu helfen, dass dieser ganze Leib Dauer hat und in seinem Stand aufrechterhalten bleibt« (822).

Ignatius selbst hatte Erfahrung mit Extremen. Sowohl was seinen lockeren Lebenswandel vor seiner Bekehrung betrifft als auch bei den scharfen Bußübungen, mit denen er in der Phase seiner Umkehr den Himmel zu erzwingen glaubte. Er weiß also, dass das Mittelmaß nicht mit Mittelmäßigkeit zu verwechseln ist, sondern zu tun hat mit der Kardinaltugend des rechten Maßes. Kurzfristige Hektik, Übereifer, unerleuchtete asketische Überforderungen sind ihm genauso verdächtig wie geistige Lahmheit oder Ausreden für Nichtstun. Bei ihm gehen Hochherzigkeit und abwägende Klugheit durchaus zusammen. So wird ein langer Atem möglich, der das einmal Begonnene zäh weiterverfolgt und zu Ende bringt.

Immer wieder wird in den Konstitutionen vor Übertreibungen gewarnt. Ignatius ist der Meinung, dass es für die konkreten Entscheidungen wichtig ist, sich zu beraten mit dem Oberen und dem geistlichen Begleiter, um in dem Gewirr von Gründen und Gegengründen das richtige Maß und so das Richtige zu finden. Für heutige Überlegungen geht es beim Stichwort um einen engagierten Ernst und um eine erlöste Gelassenheit. Einerseits ist ein unüberlegtes Vorwärtsstürmen auf den Prüfstand zu bringen, eine Hyperaktivität, von der man meint, dass damit die Welt zu retten sei. Oft geht damit einher eine Verbissenheit, die sich und anderen ein schlechtes Gewissen macht. Eine Freudlosigkeit, die nicht mitreißend ist. Ein Drang nach Höchstleistungen, die zur Verachtung derjenigen führt, die da nicht mithalten können.

Andererseits muss bedacht sein, dass man das Ziel nicht mit einer Art Wurstigkeit angeht, fast so, als ob es erlaubt wäre zu sündigen, da Gottes Barmherzigkeit ja schon alles wieder richten wird. Bisweilen könnte es auch zu einer Art Mutlosigkeit kommen, in der man sich einreden möchte: Ich kann nichts, ich bin nichts, mit mir wird das nie was! Stattdessen ist man zu einer Gelassenheit eingeladen, die sich nicht verwirren lässt, empfängt sie doch ihre Kraft und Sinnhaftigkeit aus dem Gebet. Da ist dann auch das eigene Ungenügen miteinbegriffen und die Erfahrung, dass nicht alles aufgeht. Und trotzdem befähigt diese Gelassenheit zum Aushalten. Es ist eine erlöste Gelassenheit.

3. Die »Soldaten des Papstes«

Die Jesuiten galten oder gelten als der Stoßtrupp der Päpste, die »Ledernacken des Papstes«, wie eine Zeitschrift einmal formulierte, als seine Paladine oder wie immer die Klischees lauten, die die enge Verbindung des Ordens mit dem Papst ausdrücken.

Grundgelegt ist dies in den Texten der Konstitutionen. Schon der erste Satz der Formula Instituti spricht davon, dass die Gesellschaft ihren Dienst unter dem Papst, »dem Stellvertreter Christi auf Erden«, versehen will. Im VII. Teil der Konstitutionen wird die Sendung durch die Päpste ausführlich behandelt (603–617). Und dann gibt es ein besonderes Gelübde gegenüber dem Papst. Es lautet: »Darüber hinaus verspreche ich besonderen Gehorsam gegenüber dem Papst in Bezug auf die Sendungen …« (527). Das wurde oft als ein Versprechen eines absoluten Gehorsams ausgelegt. Das ist aber nicht der Fall, denn absoluten Gehorsam kann man nur Gott leisten und sonst niemandem. Trotzdem hält sich dieses Missverständnis bis heute, obwohl schon die Satzungen mehrfach erklären, dass das Gelübde sich (nur) auf die Sendungen bezieht, die der Papst dem Gesamtorden oder Einzelnen aufträgt. Die Erklärungen machen deutlich, dass es um keinen übertriebenen Gehorsam geht, sondern um einen Gehorsam gegenüber den mehr oder weniger klar umschriebenen Sendungsaufträgen (zum Beispiel in Tokio eine katholische Universität zu gründen, wie es Pius X. 1905 dem Orden auftrug).

Die Geschichte der Jesuiten mit den Päpsten war manchmal recht spannungsgeladen. Das fing schon zu Lebzeiten des Ignatius an. Er sagte, bei der Wahl Kardinal Caraffas zum Papst Paul IV. (1555) hätten ihm alle Knochen im Leib gezittert. Der Konflikt zog sich dann noch jahrelang hin. Derselbe Papst verlangte übrigens von den Jesuiten das gemeinsame Chorgebet, obwohl dies in den Konstitutionen gerade nicht vorgeschrieben war (586). Die Jesuiten in Rom beteten also tapfer das gemeinsame Chorgebet. Nach dem Tod des Papstes fragten sie bei den Vatikanjuristen an, wie das denn nun in Zukunft zu halten sei. Sie erhielten die Auskunft, dass diese nur mündliche Anordnung mit dem Tod des Papstes erloschen sei. Und so beendeten sie das gemeinsame Beten im Chor wieder.

Um noch einige Beispiele zu nennen: Papst Klemens XIV. hob im Jahre 1773 den Orden auf. Als Begründung wird unter anderem angegeben, dass der Orden nicht mehr »imstande ist, jene segensreichen und herrlichen Früchte hervorzubringen und die nützlichen Dienste zu leisten, um derentwillen er gestiftet und von so vielen unserer Vorgänger bestätigt ... worden ist«. Es sei schwer oder gar unmöglich, in der Kirche den Frieden herzustellen, solange dieser Orden bestehen bleibe.

Papst Pius VII. stellte den Orden im Jahre 1814 wieder her, weil die Kirche »auf diese erfahrenen Ruderer des Schaffleins Petri« nicht verzichten könne. Und auch noch jüngere Maßnahmen brachten den Orden in schwere Erschütterungen. Dies hebt aber die grundsätzliche Zuordnung nicht auf. Der Papst hat es ja wirklich nicht leicht, wenn er für Wahrheiten einsteht, die dem heutigen Lebensgefühl nicht entsprechen.

Die Ursachen geschichtlicher Vorgänge, Erfolge oder Katastrophen müssen hier nicht abgehandelt werden. Was aber auch heute nötig ist angesichts von Umwälzungen, Rückschlägen, Ideologien, Bemühungen, Erfolgen, Schuldzuweisungen oder Blindheiten nicht nur innerhalb eines Ordens, wäre: genau hinschauen, offen für Kritik sein, sich nicht selbst täuschen, nicht überreagieren, redlich argumentieren, mit Konflikten umgehen können, in Konflikten miteinander umgehen können, nicht schnell Verwerfungen vornehmen, nicht realitätsblind sein, sich nicht über Tatsachen hinwegschwindeln, für seine Überzeugung einstehen, sich korrigieren lassen, Unabänderliches ertragen können, verzeihen können, in Gott gegründet bleiben.

4. Erstaunliches über das Gebet

Zweifellos sind die Geistlichen Übungen der Ort, an dem Ignatius die Inhalte und die Methodik des Betens ausführlich beschreibt. Ähnliches wird man in den Konstitutionen nicht suchen. In der Tat finden wir nur Hinweise im Allgemeinen, für wen und wofür gebetet werden soll und wer die Beter sind, angefangen von den Novizen bis hin zum Generaloberen. Umso interessanter ist, was wir über die Dauer der Gebetszeit lesen. Die Eintretenden sollen etwa einen Monat lang die Geistlichen Übungen machen (65). Die Mitbrüder in der Ausbildung erfahren Folgendes: »... Wie darauf zu achten ist, dass sie bei der Hitze des Studierens nicht in der Liebe zu den wahren Tugenden und zum religiösen Leben lau werden, so sollen Abtötungen, Gebete und lange Betrachtungen in dieser Zeit nicht viel

Raum haben. Denn sich der Wissenschaft zu widmen, die man mit der lauteren Absicht des göttlichen Dienstes erlernt und die in gewisser Weise den vollständigen Menschen erfordert, wird während der Zeit des Studiums Gott unserem Herrn nicht weniger, sondern eher mehr wohl gefallen« (340). Dann wird gesagt (341), dass man für das Gebet eine Stunde einplanen soll.

Bis dahin klingt alles noch nicht sehr aufregend. Jetzt aber: Für die endgültig Eingegliederten, von denen vorausgesetzt wird, dass sie »auf dem Weg Christi unseres Herrn eilen« (582), gilt, »man solle ihnen in Bezug auf das Gebet, die Betrachtung und das Studium sowie die leibliche Übung der Fasten, Wachen und sonstiger Härten und Bußübungen keine andere Regel geben, als welche die kluge Liebe ihnen geböte, wofern nur stets der Beichtvater und, im Zweifel darüber, was angebracht ist, auch der Obere unterrichtet wird« (582). Zwar ist also die Rückbindung an die geistliche Autorität selbstverständlich, aber erstaunlich ist die Freiheit, die dem geschenkt wird, der sich ganz in dieser Gemeinschaft in den Dienst Gottes und der Menschen stellt. Bei der Erprobung der schon fertigen Teile der Konstitutionen vor Ort gab es Rückmeldungen an Ignatius, die seinen Widerstand hervorriefen. Pater Nadal etwa, der sich an der Basis in außerordentlichem Einsatz um die Einführung der Satzungen verdient gemacht hat, berichtete, dass in Spanien und Portugal viele Mitbrüder unzufrieden seien, weil längere Gebetszeiten nicht autoritativ vorgeschrieben würden. Der Orden könne sich nicht halten mit so wenig Gebetszeit und man würde sich blamieren, den danach Fragenden eine solche Minimalzeit nennen zu müssen. Pater Nadal neigte übrigens selbst auch einer Verlängerung zu. Pater Gonsalves da Camara, dem Ignatius seinen »Pilgerbericht« diktierte, berichtet darüber in seinem Erinnerungsbuch: Unser Vater antwortete »mit einem Gesicht und mit Worten von solchem Missfallen und außerordentlichem Unmut: ›Einem wirklich Abgetöteten reicht eine Viertelstunde, um sich mit Gott im Gebet zu vereinen‹«. Ignatius war der Meinung, und auch dafür gibt es Belege bei da Camara, dass lange Gebete nicht unbedingt eine Selbsttäuschung verhinderten. Das meinte derselbe Ignatius, der bisweilen sieben Stunden am Tag dem Gebet widmete. Ihm war wichtig die erprobte Hingabebereitschaft geistlicher Menschen, die nicht mehr einen Tanz um sich selbst aufführen mussten, der sie in sich selbst gefangen hielt. Das verstand Ignatius unter Abtötung. Er war der Meinung, dass reife Jesuiten keine detaillierte Anweisung für die Dauer von Gebetszeiten bräuchten und man Gott in allem finden könne, auch im Alltag und in den konkreten Verpflichtungen.

Übrigens versucht man heute in den so genannten »Exerzitien im Alltag« einiges von dem einzuüben, was hinter der Zurückhaltung des Ignatius in Bezug auf lange Gebetszeiten auch stehen mag: die täglichen Pflichten unterschiedlichster Art zu begreifen als Gottesdienst, indem man immer wieder kurz, aber sehr bewusst alles in Beziehung setzt zu dem in allem anwesenden Herrn. Ob freilich die geistliche Hingabebereitschaft schon so weit gediehen ist, wie es Ignatius voraussetzt, bleibt die Frage an die Jesuiten von heute und an alle, die sich bemühen, aus dem Glauben zu leben und zu handeln.

5. Hast du was, dann bist du was – über die Armut

An vielen Stellen in den Konstitutionen ist von der Armut die Rede. Ein langes Kapitel im VI. Teil versucht, die geistliche Dimension mit den ordensrechtlichen Verfügungen zu verbinden. Schon 1534, noch als Studenten, legten die Freunde und späteren Gründer des Ordens das Gelübde der Armut ab. In den Exerzitien wurde besonders betont, dass Christusnachfolge die Nachfolge des armen und demütigen Jesus ist.

In der soziologischen Dimension heißt es dann in den Satzungen: »Die Armut als feste Mauer des Ordens werde geliebt und in ihrer Lauterkeit bewahrt, soweit es mit der göttlichen Gnade möglich sein sollte« (553). Die Anspruchslosigkeit der ersten Jesuiten war erstaunlich. Die Armut im Ordenshaus in Rom war Mitleid erregend. Für die Wanderapostel gehörte die Armut zu den Mitteln, mit denen eine glaubwürdige Seelsorge Hand in Hand gehen musste. Die Dienste sollten kostenlos sein. Das wurde in Angleichung an das Evangelium zu einem Grundsatz für den Orden. Da Studienhäuser oder Kollegien aber nicht ohne Geld betrieben werden konnten, fand Ignatius die Regelung, dass diese im Gegensatz zu den Ordenshäusern Einkünfte haben durften. Er wollte nicht, dass man Kollegien eröffnete, ohne für eine ausreichende Fundierung (im Allgemeinen durch die Landesherren oder Kommunen) zu sorgen.

Fast wie kein anderer Bereich sind die Fragen der Ordensarmut im Verlauf der Jahrhunderte ein Dauerbrenner geblieben. Unterschiedliche Gesetzgebungen, andere Einwirkungen durch einen allgemein gehobenen Lebensstandard, unterschiedliche Wertschätzungen (Bettelei ist heute kein Ideal), das Versicherungswesen (nur Reiche können es sich leisten, nicht versichert zu sein) – das alles verlangte ständige Aufmerksamkeit und neue Regelungen. Die Fußnoten zu den Armutskapiteln der Konstitutionen und die Verweise auf die Ergänzenden Normen, ganz zu schweigen von umfangreichen Handbüchern zur Handhabung der technischen Fragen der Armut, geben Zeugnis von der Schwierigkeit der Materie.

Die Fragen für heute beziehen sich auf die Glaubwürdigkeit. Wie ist der Einsatz großer Mittel in Einklang zu bringen mit der Einfachheit, die allerorten verlangt wird? Ist viel Geld die Lösung der Fragen oder führt es zu einer Selbstzufriedenheit, die sich mit der Pflege des Eigenen anstatt des Eigentlichen begnügt? Bleiben die wirklich Armen links liegen? Wie könnte heute Solidarität mit den Armen aussehen? Genügt es, für die Armen einzutreten, was ja geschieht, oder ist es nötig, mit den Armen zu leben?

Eigentlich gilt es, eine Rückbesinnung vom Evangelium her zu versuchen. Jesus redet außerordentlich hart gegen den Reichtum und die Reichen. Eine der Grundstrebungen menschlichen Lebens ist es, haben zu wollen. Hast du was, dann bist du was! Das ist in sich ja nicht schlecht. Aber es wohnt diesem Streben eine Tendenz inne, immer mehr zu wollen. Ich fange dann an zu vergleichen: Wer hat mehr? Das muss ich auch haben. Und wenn ich mehr habe, muss ich um mich schauen, ob mir nicht jemand das, was mir gehört, wegnehmen will. Ich verändere infolgedessen mein Sicht- und Denkverhalten: Auf wen werde ich neidisch, gegen wen muss ich mich verteidigen? So bleibt die Freiheit auf der Strecke, mit der ich die anderen wohlwollend und liebevoll anschaue. Und der

Lobpreis der Armen im Evangelium wird unverständlich. Wenn Ordensleute, die Armut gelobt haben, zu erklären versuchen, dass sie arm leben – bekommen sie dann nicht manchmal feuchte Hände?

6. Ein schmerzliches Kapitel –
über die Keuschheit

»Und weil das, was das Gelübde der Keuschheit angeht, keine Deutung erfordert, da feststeht, wie vollkommen sie beobachtet werden muss, indem man sich bemüht, in ihr durch die Reinheit des Leibes und des Geistes die Lauterkeit der Engel nachzuahmen, soll, dies vorausgesetzt, vom heiligen Gehorsam die Rede sein« (547).

In dem VI. Teil, der über die bereits in die Gesellschaft Zugelassenen handelt, steht dieser einzige Satz über das Gelübde der Keuschheit, und das in einem Werk mit insgesamt 872 Nummern, die zudem meistens noch umfangreicher sind. Das verwundert. Ignatius wusste schließlich aus eigener Erfahrung, dass die Sexualität ein mächtiger Trieb ist. Trotzdem stellt er für die Männer seines Ordens ein Ideal auf, das viele Fragen offenlässt. Folgerichtig finden wir in den Ergänzenden Normen ausführlichere und sehr hilfreiche Hinweise zum Thema, auch mit vielen Verweisen auf die letzten fünf Generalkongregationen (zwischen 1965 und 2008).

Der Orden musste in den letzten Jahren besonders schmerzlich erfahren, was einige Mitbrüder angerichtet hatten. Gerade in dem sensiblen Bereich der Jugendseelsorge, in dem rückhaltloses Vertrauen Voraussetzung ist, wurde dieses Vertrauen schändlich missbraucht. Den Leibern und Seelen junger Menschen wurde schlimmer Schaden zugefügt. Die erste Sorge schien dabei lange Zeit zu sein, dass der Missbrauch nicht ans Licht kommt. Die Opfer kamen kaum ins Blickfeld, und eine Wiedergutmachung auch nicht. Es konnte nicht ausbleiben, dass durch die Aufdeckung ein Generalverdacht aufkam, den nicht nur Feinde des Ordens hegen. Auch Freunden macht das zu schaffen. Die Glaubwürdigkeit der Jesuiten in Sachen Keuschheit war lange Jahrhunderte geradezu fast sprichwörtlich. Eine respektvolle Zurückhaltung, die sexuelle Feinfühligkeit, die gerade in der Erziehung junger Menschen notwendig ist, war einst das Markenzeichen des Ordens. Und nun musste man erkennen, dass aus Vorbildern Täter geworden waren. Die Tilgung dieses Stigmas wird lange dauern. Dazu braucht es eine geistliche Umkehr. Sie erfordert nicht nur große Aufmerksamkeit, sondern auch gezielte Maßnahmen und Einübung von Verhaltensregeln. Und bei der Aufnahme von Eintrittswilligen ist besonders auf die psychosexuelle Reife Wert zu legen. Relativierungsversuche, die das Vorgefallene abschwächen, indem man es in einen größeren Rahmen stellt, in dem andere ungleich mehr und schlimmer schuldig werden, stehen uns nicht zu.

Nun noch einmal zu dem Satz, dass man in Bezug auf die Keuschheit die Lauterkeit der Engel nachahmen soll. Was könnte das bedeuten? Der Satz klingt merkwürdig, weil Engel ja keinen Leib haben, der doch offenkundig bei der Sexualität eine nicht unwichtige Rolle spielt. Vielleicht ergibt sich aus der Aufgabe, die wir Engeln zuschreiben, ein Hinweis, der weit über einen Orden mit Gelübden hinaus in die richtige Richtung führen könnte. Die Engel stehen vor Gott, und sie werden zu den Menschen gesandt. Wenn wir also unser Dasein begreifen als eine Haltung, die sich immer wieder auf Gott ausrichtet, geben wir ihm die Ehre. Und wenn wir unser Dasein begreifen als eine Sendung zu den Mitmenschen, dann darf die damit verbundene Lauterkeit uns begleiten, bei aller Verschiedenheit der konkreten Lebensentwürfe. Es ist eine Reinheit der Absichten und eine Reinheit im Tun.

7. Vom Gehorchen zur Liebe – über den Gehorsam

In den Konstitutionen ist viel vom Gehorsam die Rede. Das ist nicht verwunderlich, weil apostolische Sendungen nur zu verwirklichen sind, wenn sich die Mitglieder senden lassen. Der Gehorsam ist so ein Gehorsam zum besseren Dienst, freilich verankert in Jesus Christus, der im Gehorsam den Willen des Vaters erfüllte. Und es wird bis heute betont, dass der Orden in Sachen Gehorsam vortrefflich zu sein hat. Nach einem Wort des Ignatius steht der Gehorsam unter der Maxime: »Bedenke, dass du dies Christus gelobt hast!« Deshalb ist für den Gehorsam weder das subjektive Gewissen die letzte Norm noch das Wort des Papstes noch der Ruf der Basis noch die Meinung Gleichgesinnter, sondern Jesus Christus, dessen gekreuzigte Liebe das Maß ist.

Aus der asketischen Tradition stammen auch die Reizworte, mit denen man den Gehorsam zu charakterisieren meint: blinder Gehorsam; mit sich geschehen lassen, wie ein Greis mit dem Stab in seiner Hand verfährt. Aus der Antijesuitenliteratur entstammen viele Unterstellungen, die sich aus dem vermeintlichen Gehorsamsverständnis der Jesuiten ableiten. Im »Kadavergehorsam« finden sie einen ihnen willkommenen, aber nichtsdestoweniger falschen Ausdruck.

Die Konstitutionen gehen gestuft vor. Den Eintrittswilligen wird ungeschminkt dargelegt, dass es beim Gehorsam um das Aufgeben des Eigenwillens geht. Die Novizen und Ordensstudenten werden darauf vorbereitet, dass der Gehorsam die Grundlage der Verfügbarkeit ist. Erst so kann der Orden überall hingehen, wohin zu gehen nötig ist im Interesse des Heils der Menschen. Dadurch dass das Gelübde bindet, macht es frei zum Dienst. Dem Gehorsam entsprechend ist die Rolle des Oberen in den Konstitutionen hervorgehoben. Der Obere hat die Entscheidungsvollmacht. Er hat allerdings auch die Pflicht, die Unterscheidungskunst einzusetzen. Es geht nicht um seelenloses Befehlen und nicht um ein seelenloses Gehorchen. Beide, der Obere und der Untergebene, müssen sich bemühen, den Willen Gottes zu suchen, damit das gemeinsame Vorhaben der Ehre Gottes und dem Heil der Menschen dient. Natürlich werden dazu eine ganze Menge Kriterien gebraucht, die in den Konstitutionen als Vorgaben auch aufgezählt sind und viel mit der Unterscheidung der Geister zu tun haben. Zu ihrer Verwirklichung sind Gebet und Überlegung erforderlich und oft auch ein Prozess eines lebhaften Hin und Her. Der Gehorsam der Jesuiten ist keineswegs so starr oder stur, wie es das Klischee glauben machen will.

Wenn man dann noch hinzunimmt, wie Ignatius über den Gehorsam eines reifen Jesuiten denkt, stellt sich heraus, dass es da nicht einfach nur um den »Gehorsam als Verpflichtung geht und nicht nur um den Gehorsam als Tugend, sondern als Chance für das bessere Gelingen der Sendung« (Peter Knauer). Dazu gibt es in den Satzungen im VII. Teil, der vom apostolischen Leben der Jesuiten handelt, die Figur des so genannten Kollaterals, eines Mannes an der Seite, der das gemeinsame Vorgehen begleiten soll. Diese »konspirierende

Freundschaft« (Knauer) kann zum Gelingen der Sendung hilfreicher sein als das Einhalten einer Vorschrift. In der Nummer 661 heißt dieser Kollateral dann »Engel des Friedens«. Da geht es gar nicht mehr um Befehlen, sondern um Liebe, in der ein Projekt angegangen werden soll.

Das Amt des Kollaterals war nach den Gründerjahren nicht mehr in Gebrauch, wurde aber auch nicht abgeschafft. Der Sache nach wird es in vielen Spielarten innerhalb und außerhalb des Ordens ausgeübt. Es entspricht gerade heute einem zu Ende gedachten Gehorsam, setzt aber die Bereitschaft und die Fähigkeit voraus, den eigenen Willen auf den Prüfstand der Unterscheidung der Geister zu bringen. Ob so nicht das Oben und Unten, das wir in vielen Systemen, auch in der Kirche, feststellen, eine grundlegende Ergänzung oder gar eine heilsame Korrektur erfahren könnte?

8. Karriere nach unten – der Generalobere

Die ersten Jesuiten bringen ihre ganz unterschiedlichen Biographien in den entstehenden Orden mit ein. In den Exerzitien werden sie durch die Gnade geformt, ja umgeformt, um als neue Menschen zu leben. Die Konstitutionen verleiblichen, was von den so Gesinnten erwartet wird, die sich aufmachen, um für Gott und die Menschen zu wirken.

Man tritt in den neuen Orden nicht ein, um Karriere zu machen, es sei denn eine Karriere nach unten, in die Nähe des demütigen Jesus, der sich in seiner Liebe gebückt hat bis – so drückt es die Fußwaschung aus – zu unseren Füßen. Die Nähe zu diesem Jesus scheint auch der Grund zu sein, weswegen Ignatius so vehement dagegen war, dass Jesuiten Bischöfe werden sollten. Die Hierarchie verkörpert das Oben in der Kirche, und der ist man Gehorsam schuldig. Und vom höchsten Vertreter der Hierarchie, dem Papst, will man sich gerne senden lassen. Aber man soll die zwei Ebenen nicht vermischen. Der Orden soll unten bleiben. Dazu zeichnet das IX. Kapitel der Satzungen ein Bild, »wie der Generalobere sein soll« (723). Als Erstes soll er, das ist ja nicht verwunderlich, »sehr mit Gott unserem Herrn verbunden sein und mit ihm im Gebet und in allen seinen Handlungen vertraut sein«. Des Weiteren soll er ein Beispiel in allen Tugenden bieten, insbesondere soll er Liebe zum Nächsten haben, und da wieder ganz besonders zu den Mitbrüdern, und wahre Demut. Da die Leidenschaften das Urteil der Vernunft stören können, soll er sie gezähmt haben. Er soll die notwendige Geradheit und Strenge mit Güte und Milde zu verbinden wissen, »sodass auch die Getadelten oder Gestraften anerkennen, dass er in dem, was er tut, in unserem Herrn geradeaus und mit Liebe vorangeht, auch wenn es gegen ihren Geschmack … wäre« (727). Und ebenso braucht er Großmut und Tapferkeit des Herzens, »um die Schwächen vieler zu ertragen und um große Dinge im Dienst für Gott den Herrn zu beginnen und in ihnen beständig zu verharren« (728). Dabei soll er sich von nichts und niemand beirren lassen, selbst wenn es ihm den Tod bringen sollte. Dann sind Verstand und Urteilskraft gefragt. Es folgen Wachsamkeit und Sorgfalt. Auch Gesundheit sollte dabei sein. Und zuletzt soll er in gutem Ruf stehen. Und wenn ihm einige der genannten Eigenschaften fehlen sollten, so doch nicht große Güte und Liebe zur Gesellschaft und ein gutes Urteil.

Was hier als Profilbeschreibung aufgelistet ist, will im Idealfall ja nicht nur einen Ordensgeneral porträtieren.

Eigentlich sollte sich jeder Jesuit, angeleitet eben auch durch die Konstitutionen, um diese Eigenschaften bemühen. So sind die Satzungen ein Mittel, Menschen zu formen, damit sie taugliche Werkzeuge im Weinberg des Herrn sein können Und in der Tat entsprachen oder entsprechen nicht wenige diesen Anforderungen.

Umso bestürzender ist es dann aber auch, so manche missglückte Existenzen zu erleben und mittragen zu müssen, die das reale Bild des Ordens verdunkeln. Da stellt sich dann schon die Frage, wie trotz so vieler guter Impulse spiritueller, psychischer, sozialer und intellektueller Art eine menschliche und christliche Reifung auf der Strecke geblieben ist.

Wir finden heute vielfältige Programme, in denen Ordensfamilien oder Gemeinschaften das, was ihnen wichtig ist, formulieren und einüben. Dabei erzielen sie ganz typische Prägungen, an denen man sie erkennt. Das Ganze mag jeweils vielfältig ausgestaltet sein, ist aber trotzdem unverkennbar franziskanisch oder vinzentinisch oder theresianisch oder benediktinisch oder ignatianisch oder wie auch immer.

Die Frage bleibt, wie die Programme glaubwürdig gelebt werden und darin ein ermutigender Hinweis sein können auf Gott den Herrn und unseren Erlöser. Zum Anforderungsprofil müsste in jedem Fall die Bereitschaft zum Dienen gehören. Nicht wünschenswert wären dabei ängstliche Typen, die Verantwortung scheuen, oder Leute, die das Ich sehr groß schreiben und das Du sehr klein. Hilfreich sind auch nicht Menschen, die mit Leichenbittermiene herumlaufen. Gesucht sind Menschen der Gottverbundenheit, Menschen für andere, Menschen der Geisterunterscheidung, Menschen der verlässlichen Treue zur Kirche.

Man könnte die Liste weiterführen. Gesucht sind Menschen mit einem großen Herzen, intelligent, praktisch, fähig für Freundschaft, kontaktfreudig, hingabefähig, voll Respekt für andere. Menschen, die sich nicht schrecken lassen durch Entbehrungen und Verzicht.

9. Einfallstore der Sinne – durchlässig für alles?

»Alle sollen besondere Sorge tragen, mit großer Sorgfalt die Tore ihrer Sinne – insbesondere die Augen, die Ohren und die Zunge – vor jeder Unordnung zu bewahren ...« (250).

Diese alte Weisheit des geistlichen Verhaltens klingt unmodern, weltfremd, unwichtig. Ein solcher Rat steht gegen die heutige Praxis der Reizüberflutung, der pausenlosen Berieselung durch Töne oder Bilder. Vieles wird oft, ohne dass dies immer bewusst wahrgenommen wird, unkontrollierbar gesteuert durch Werbeagenturen, durch Meinungsumfragen, durch undurchschaubare Interessen mächtiger Systeme.

Kein Wunder, dass da die Sinne abgestumpft werden und dann nach immer stärkeren Reizen verlangen oder dass die Wahrnehmung nicht mehr mitkommt. Eine Unterscheidung in Notwendiges, Nützliches und Angenehmes bleibt auf der Strecke zugunsten einer Beliebigkeit. Es entsteht die Gefahr, dass alles wahllos eingesaugt wird. Nicht umsonst gibt es dafür das Spottwort: »Wenn einer für alles offen ist, ist er nicht ganz dicht.« Die Hilflosigkeit angesichts des Ansturms auf die Sinne ist allerorten zu spüren. Ratschläge in Richtung Medienaskese sind kaum durchsetzbar. Ist denn nicht alles nur halb so schlimm? Es gehört zu den heutigen Dogmen, dass man sich fast alles zumuten darf. Auf Spielverderber, die einem nichts gönnen wollen, kann man verzichten.

Andererseits nimmt aber die Beunruhigung allmählich doch zu. Die Auswirkung der ständigen Sinnenüberflutung auf die menschliche Psyche ist nicht zu leugnen. Ob Ignatius nicht doch wirklichkeitsnäher ist als so manche Reklamestrategen mit sattem Werbeetat oder Beschwichtiger von heute? Ignatius setzt auf überlegte Auswahl, auf Beschränkung dessen, was die Menschen ihren Sinnen zumuten können und sollen. Für ihn ist maßgebend, was das Ziel einer Bewachung der Tore der Sinne sein soll. Nach seiner Meinung wird man so auf das Wichtige hingelenkt, nämlich frei zu sein für die wohlwollende Aufmerksamkeit für die Nächsten.

So kann man sie richtig wahrnehmen ohne zudröhnende Nebengeräusche. Und dann kann man ihnen »in religiöser Einfachheit und Schlichtheit Ehrfurcht und Ehrerbietung erweisen …, sodass sie, indem sie einander ansehen, in der Andacht wachsen und Gott unseren Herrn lobpreisen, den jeder im anderen als in seinem Bild wiederzuerkennen sich bemühen muss« (250). Gerade wenn ich mir nicht alles zumute, kann ich Wichtiges von Unwichtigem unterscheiden. Dadurch bekomme ich neue Augen für meine Mitmenschen. Ich kann sie liebevoll ansehen. Ich gebe ihnen Ansehen, ohne durch vordergründig Aufdrängendes, Lautes, Unseriöses daran gehindert zu sein.

10. Vernetzung – Information und Kommunikation

Weil der neue Orden von Anfang an das war, was man heute einen Global Player nennen würde, braucht es Kommunikationsformen, durch welche die in aller Welt Zerstreuten zusammengehalten werden. Die Satzungen formulieren das so: »Die Gesellschaft kann weder bewahrt noch geleitet werden und folglich auch nicht das Ziel erreichen, das sie zur größeren göttlichen Verherrlichung erstrebt, ohne dass ihre Glieder untereinander und mit ihrem Haupt vereint sind« (655). Dieses große Ziel ist zu gewährleisten in einer Zeit, in der es die heutigen Kommunikationsmittel noch nicht gibt. Es geschieht einerseits durch Verbundenheit im Gebet und andererseits durch persönliche Zusammenkünfte, soweit solche Treffen überhaupt möglich sind angesichts der riesigen Entfernungen. Ein besonderes Hilfsmittel ist deswegen der Briefverkehr: »Ganz besonders wird auch die gegenseitige Verbindung durch Sendschreiben zwischen den Untergebenen und den Oberen helfen und dass sie häufig voneinander erfahren und von den Nachrichten und Informationen Kenntnis erhalten, die aus diesen und jenen Gebieten kommen« (673). Von der Versendung eines Briefes aus Rom in »die Indien« konnte es bis zur Ankunft der Rückantwort allerdings eineinhalb Jahre dauern. Zum Briefeschreiben gibt es genaue Anweisungen, wer wem wie oft worüber schreiben soll (673–675). Die eingegangenen Berichte werden, wenn der Inhalt nicht privater Natur ist, vervielfältigt und an die Mitbrüder in anderen Gebieten weitergeleitet. Exzerpte werden dann auch an Freunde und Gönner gesandt, um den Orden auch nach außen in das richtige

Licht zu setzen. Auf diese Weise riefen zum Beispiel die Briefe Franz Xavers aus Indien und Japan in Europa eine Welle der Begeisterung hervor.

Jedenfalls wird der Orden von Anfang an ganz folgerichtig zu einer Mediengesellschaft. In zwei ausführlichen Briefen an die ganze Gesellschaft vom Juli 1547 werden umfangreiche Begründungen für das Briefeschreiben und Anweisungen über das Briefeschreiben gegeben. Wenn einige Mitbrüder die Notwendigkeit des häufigen Briefverkehrs nicht so recht einsehen wollen, werden sie von Ignatius heftig und humorvoll zugleich getadelt, auch wenn sie zu den Gründungsvätern gehörten wie Nicolas Bobadilla oder Peter Faber.

An die Stelle des Briefeschreibens sind heute vielfach andere Formen der Kommunikation getreten, insbesondere die ungeheueren Möglichkeiten der elektronischen Medien. Was Ignatius allerdings im Sinn hatte, nämlich dadurch die Einheit der Herzen zu fördern, hat auch heute hohe Priorität. Unsere Welt ist zerrissen und zerstückelt. Durch die Möglichkeiten heutiger medialer Kommunikation ist aber nicht garantiert, dass damit die Gefahr von Entfremdungen gebannt ist. Es scheint eher so zu sein, dass viele Menschen an Einsamkeit leiden und das Gefühl haben, allein gelassen zu sein. Es geht also nach wie vor und immer wieder um die Formen der Zuwendung. Sie geschehen nicht automatisch, auch wenn viele Institutionen dabei Hervorragendes leisten. Gefragt sind die persönlichen Formen, durch die man sich Aufmerksamkeit schenkt.

11. Die Absicht gerade halten – die tägliche Korrektur

Auch die besten Absichten können verblassen. Das Ziel, das ins Auge gefasst war, kann undeutlich werden. Neue Umstände können manches, was klar schien, verdunkeln. Ein Seelenkenner wie Ignatius weiß sehr wohl um die Kapriolen des menschlichen Herzens. Es ist daher nicht verwunderlich, dass er auf die Überprüfung der Motivationen großen Wert legt. In den Exerzitien geschieht das in den Regeln zur Unterscheidung der Geister. In den Konstitutionen wird das öfter benannt mit dem Ausdruck: die Absicht gerade halten. Das ganze Leben in allen seinen Bereichen soll ausgerichtet sein auf den Willen Gottes. Ein Schlüsselsatz des Ignatius – Gott suchen und finden in allen Dingen – hat hier seinen Platz (218).

Die Absichten sind erfahrungsgemäß oft nicht ganz rein. Manchmal sind ihnen fragliche Motive beigemischt. Ignatius nennt an dieser Stelle die Motive der Furcht vor Strafen oder der Hoffnung auf Belohnung. Ähnliche Vermischungen gibt es zum Beispiel auch in den Studien, nämlich das Gebet so auszudehnen, dass das in diesem Fall Wichtigere, nämlich das Studium, zu kurz kommt (340, 361, 362). Auch bei apostolischen Arbeiten können sich Motive vordrängen. die eher auf den eigenen Vorteil als auf den größeren Dienst ausgerichtet sind (618). Bei einem Einrittswilligen muss genau hingeschaut werden, ob seine Absicht so geordnet ist, wie es angebracht wäre, oder ob sie mit menschlichen Plänen vermischt ist (180).

Überhaupt gilt, dass die Mittel nicht mit dem Ziel verwechselt werden dürfen, und bei den Mitteln gibt es noch einmal eine Rangordnung: Die Mittel, die das

Werkzeug mit Gott verbinden, sind wichtiger als die Mittel menschlicher Gaben (813). In das Motivbündel können sich auch Verhaltensweisen einschleichen, die moralisch schlecht sind, wie Habsucht (816), Ehrsucht (817), Eifersucht, Zwietracht, Begierden.

Ignatius schlägt zur Überprüfung vor, täglich innezuhalten und das Gewissen zu erforschen (261). Da sollen die verschiedenen Strebungen, Erfahrungen und Unternehmungen des Tages ans Licht gehoben, beurteilt und wieder auf Gott und seinen heiligen Dienst ausgerichtet werden. Ignatius hat dies die »wichtigste Viertelstunde« genannt.

Die Absicht gerade halten – dazu braucht es eine Richtungsangabe. Wohin? Früher hatte man formuliert: Wozu sind wir auf Erden? Was taugt das im Blick auf die Ewigkeit? Vielleicht könnte man auch folgende Fragen stellen, um auf dem geraden Weg zu bleiben oder um von den krummen Wegen wieder in die richtige Spur zu kommen: Kann ich so, wie ich jetzt lebe, Gott die Ehre geben oder werde ich daran gehindert durch ungeordnete Anhänglichkeiten? Oder: Bleibe ich so, wie ich jetzt lebe, meinen Nächsten die Liebe schuldig, zu der ich mich verpflichtet weiß? Oder: Verfehle ich so, wie ich jetzt lebe, mein Lebensziel?

Und hier noch ein treffendes Beispiel für einen Aktivismus, der nicht zielführend ist, sondern ein sinnloses Dahinwursteln darstellt, das auch heute nicht so ganz selten zu sein scheint: Einer schaut zu, wie ein Holzfäller sich damit abmüht, einen Baum zu fällen. Unverdrossen schlägt der mit seiner Axt auf den Baum ein. Aber die Axt ist stumpf und so richtet er überhaupt nichts aus. Der Zuschauer: »Sie müssen Ihre Axt schärfen, sonst wird das nie was!« Der Holzfäller: »Da-

zu habe ich keine Zeit, ich muss doch den Baum fällen!«

Eine Hilfe für alle, die sich darum mühen, die Absicht
gerade zu halten, sind die beiden Wahlsprüche des Ordens. Sie geben an, in welche Richtung es gehen soll:
»Alles zur größeren Ehre Gottes« und »Den Seelen
helfen«. Was bedeutet »Ehre Gottes«? Das »bedeutet,
dass ich Gott in meinem Leben groß sein lasse«. Und
»Den Seelen helfen« bedeutet, dass ich mich für das
Heil des ganzen Menschen und aller Menschen einset-
ze.

12. Wagemut statt Ängstlichkeit

In den Konstitutionen gibt es keinen Strafkodex, wie
er in manchen Ordenssatzungen vorgesehen war. Das
kommt nicht von ungefähr. Die Konstitutionen sind
ganz bewusst nicht darauf angelegt, mit Furcht,
Drohungen und Strafen zu arbeiten. »Und an die Stelle von Furcht vor dem Verstoß soll die Liebe … treten …« (602). Natürlich gibt es Regeln und Vorschriften. Und wenn einer nicht taugt, trennt man sich von
ihm. Trotzdem ist die Vorgehensweise auf Vertrauen
aufgebaut.

Das Verhältnis der Untergebenen zu den Oberen soll
nicht furchtsam sein. Das Verhältnis der Oberen zu den
Untergebenen soll nicht ein Angst machendes Aus-
spielen von Macht sein. Der Gehorsam, der ja nicht in
Frage gestellt wird, setzt für beide Seiten Verantwortung und Wohlwollen voraus. Jesuiten sind von Haus
aus nicht angstbesetzte Duckmäuser. Es ist merkbar,
dass die Bindung an den Orden Kräfte nicht ein-
schränkt, sondern freisetzt. So wie die göttlichen Ge-
bote zum Leben führen wollen, so sind auch die Or-

densregeln darauf angelegt, die Angst nicht zu schaffen, sondern sie aufzuheben. So führen die Konstitutionen eher zu einer gewissen Angriffslust, zu einer Risikobereitschaft, einem Wagemut für Experimente.

Dazu gehört die Vorgehensweise in China. Den Missionaren war bewusst geworden, dass sie auf eine hoch entwickelte Kultur trafen. Behutsam suchten sie möglichst viele der ehrwürdigen Riten, besonders der Verehrung der Ahnen und des Konfuzius, gelten zu lassen. Darüber gab es eine heftige Auseinandersetzung, die sich über mehr als hundert Jahre hinzog, den so genannten Ritenstreit. Schließlich siegte die Meinung derer, die die Riten als abergläubisch und götzendienerisch verurteilten. Dies führte zum Verbot der Riten und zum Untergang der blühenden Mission. In Südamerika hatten die Jesuitenmissionare in den Urwäldern des Rio Paraná unter den Indios ein Gemeinwesen gegründet, das lange freigehalten werden konnte vom begehrlichen Einfluss der Kolonisatoren. In den Siedlungen, die »Reduktionen« genannt wurden, herrschten menschengerechte Verhältnisse und nach dem Beispiel der Apostelgeschichte »hatte man alles gemeinsam« (Apg 2,44). Es gab auch bemerkenswerte kulturelle Leistungen, vor allem im Bereich der Baukunst, der Bildhauerei und der Musik. Durch Intrigen und durch die Habgier der eingedrungenen Kolonisatoren ging kurz vor der Aufhebung des Ordens auch dieses »heilige Experiment« zu Grunde.

In der Zeit nach dem II. Vatikanischen Konzil wurde dem Orden vorgeworfen, dass er auf dem Gebiet der Ordenszucht oder seines Verhältnisses zum Lehramt oder zu den Bischöfen über die Stränge schlage. Er mache überhaupt mit einer zu großen Experimentierlust auf allen möglichen Gebieten zu viele Fehler. Der da-

malige Ordensgeneral Pedro Arrupe wurde von Jour-
nalisten gefragt: »Pater Arrupe, warum machen die Jesuiten so viele Fehler?« Seine Antwort: »Es ist nicht unsere Absicht, Fehler zu machen. Wir wollen aber auch
nicht den Fehler machen, aus lauter Angst vor Fehlern
überhaupt nichts zu tun.«
Auf diesem Hintergrund wären heutige Haltungen zu
hinterfragen, die man bei manchen Institutionen und
auch kirchlichen Einrichtungen finden kann. Lassen
wir uns unsere Anordnungen zu sehr von Angst dik-
tieren? Züchten wir eine Bunkermentalität? Ziehen
wir uns von den Fronten zurück in die Etappe, um den
kritischen Fragen und den Auseinandersetzungen zu
entgehen? Geben wir uns zufrieden mit der kleinen
Herde und erklären wir damit vielleicht sehr kurzsich-
tig alle, die »draußen« sind, zu Leuten, um die man
sich nicht groß kümmern muss?

13. Nicht unter Sünde

»Weil die Gesellschaft wünscht, dass … ihre einzelnen
Mitglieder sicher seien oder Hilfe erfahren, um nicht
in einen Fallstrick der Sünde zu fallen …, denken wir
in unserem Herrn, dass … keinerlei Satzungen, Erläu-
terungen oder Lebensordnung unter Todsünde oder
lässlicher Sünde verpflichten können … Und an die
Stelle der Furcht vor dem Verstoß soll die Liebe und
das Verlangen nach aller Vollkommenheit treten und
danach, dass größere Verherrlichung und größerer
Lobpreis Christi, unseres Schöpfers und Herrn, folge«
(602).
Das richtet sich gegen die Gepflogenheit, für alles und
jedes den Prügel der Sündendrohung zu schwingen.
Sündenangst war bis vor wenigen Jahrzehnten in der

geistlichen Erziehung und in der katechetischen Un-
terweisung ein Mittel, das einen frohgemuten Glauben
kaum zuließ.

Heute allerdings ist das Pendel auf die andere Seite aus-
geschlagen. Wenn es darum geht, das eigene Verhalten
zu rechtfertigen, scheinen manche ziemlich schnell
Entschuldigungen parat zu haben. Fast nichts mehr gilt
als Sünde. Dass das Sakrament der Barmherzigkeit, die
Beichte, kaum noch in Gebrauch ist, muss nicht unbedingt eine positive Errungenschaft sein. Etwas rigo-
roser ist man dann aber doch, wenn die jeweils anderen ins Visier geraten. Ihnen lässt man nicht so viel
durchgehen. Da ruft man dann schon mal entrüstet
»Haltet den Dieb!« Könnte das eine Art sein, von den
eigenen Fehlern abzulenken?

Der Ruf der Heiligen Schrift zur Umkehr bleibt aktu-
ell, und wichtig wäre es, mit der Bekehrung jeweils bei
sich selbst anzufangen. Das ist natürlich auch für die
Satzungen klar. Dass sie nicht unter Sünde verpflichten, soll das verantwortungsbewusste Handeln nicht
mindern, sondern fördern.

14. Wellness? Die Sorge für den Leib

Ein eigenes Kapitel im III. Teil der Satzungen hat »die
Bewahrung des Leibes« (292) zum Thema. Da heißt es
zum Beispiel: »Wie übermäßige Besorgtheit in Bezug
auf den Leib zu tadeln ist, so ist die sachgemäße Sorge,
darauf zu achten, wie man die Gesundheit und die
körperlichen Kräfte für den göttlichen Dienst bewah-
re, zu loben, und alle müssten sie (diese Sorge) haben«
(292).

Alle sollen den Oberen darauf hinweisen, wenn sie
meinen, es sei ihnen etwas schädlich oder es fehle ih-

nen etwas in Bezug auf Nahrung, Kleidung, Aufent-
haltsort, Amt oder Tätigkeit. Allerdings soll man, bevor
man vorstellig wird, darüber beten und dann zufrieden
sein mit dem, was der Obere befindet. Man soll sich
vor übertriebener Sorge hüten. In Sachen Essen,
Schlafen, Kleidung, Wohnung und anderen leiblichen
Notwendigkeiten gibt es einerseits die Tugend der
Selbstverleugnung, andererseits soll man aber den Leib
in Form halten für das Lob Gottes und den apostolischen Dienst (296). Man soll sich körperlich nicht so
überlasten, »dass der Geist untergeht und der Leib
Schaden nimmt« (268). Ähnlich Teresa von Avila: »Sei
gut zu deinem Leib, damit die Seele Lust hat, darin zu
wohnen.«

Für die Kopfarbeiter ist eine Ausgleichstätigkeit angebracht. Sogar die südländische Sitte einer zweistündi-
gen Siesta wird empfohlen (299). Die Kleidung dient
zum Schutz vor Kälte und Unschicklichkeit, soll aber
nicht die Eitelkeit fördern (297).

In allen diesen Verhaltensweisen gilt das Prinzip: Reife Menschen brauchen nicht gegängelt zu werden. Die
Selbstverantwortung und die daraus folgende Selbstän-
digkeit brauchen keine Vorschriften, weder für das Gebet noch für das Studium und eben auch nicht für alles, was mit Sorgen für den Leib zu tun hat. Der Maß-
stab sind die kluge Liebe und die Rückbindung an den
Oberen und den geistlichen Begleiter. Nur soll man
auch hier auf das Mittelmaß achten: In der Sorge nicht
übertreiben, das heißt, für die Gesundheit zu viel Zeit
aufwenden, die dann für den Nächsten fehlt. Nicht
untertreiben, das heißt, sich überhaupt nicht kümmern, so »dass der Geist erkaltet und sich die niedrigen
und menschlichen Eigenschaften erhitzen« (582).

Die Sorge für den Leib wird heutzutage durch eine

blühende Industrie verwaltet. Alles ist wichtig. Es wird vorgegaukelt, dass das Leben nur gelingen könne, wenn man sich alles zulegt, was auf dem Markt angeboten wird. Die heutigen Schönheits- und Gesundheitsideale verlangen Bio- und Magerkost, und auch dies zu teuren Preisen und zu Lasten von vielen Menschen, die nicht einmal das Nötigste zum Beißen haben. Die hochgezüchtete Mentalität in unseren Breitengraden hat die Maßstäbe verloren. Die Ziele und Motivationen sind vielfach fragwürdig und nicht allzu oft auf den Dienst und das Lob Gottes oder das Heil der Seelen ausgerichtet. Da scheinen Dinge aus dem Ruder gelaufen zu sein, die im so genannten finsteren Mittelalter vielleicht besser funktionierten.

Ignatius hatte Mühe, die Mitbrüder von einer zu strengen Lebensweise zurückzuhalten. Heute scheint sich die Mühe eher darauf richten zu müssen, die Anstrengungen für den Leib aus dem Zentrum des menschlichen Strebens zu verlagern, um die rechte Mitte und das rechte Maß zum wirklichen Heil wieder zu entdecken und zu fördern.

15. Krankheit als Gnade?

Ignatius hatte nach seiner Verwundung Wochen und Monate unter fast unvorstellbaren Schmerzen auf dem Krankenlager auszuhalten. Diese Erfahrungen haben dazu beigetragen, dass er eine außergewöhnliche Sorge für die Kranken entwickelte. Auch die asketischen Torheiten während seiner Exerzitien in Manresa haben ihn gelehrt, »aus Fehlern zu lernen«. Der Altmeister der Ignatiusforschung, Hugo Rahner, teilt ein Zitat des ersten Ignatiusbiographen Pedro Ribadeneira mit: »Er sagte mir ab und zu, es sei eine wundersame Vorsehung Gottes gewesen, dass er (Ignatius) so viele Krankheiten habe erdulden müssen. So nämlich habe er gelernt, mit andern zu leiden und ihre Schmerzen zu verstehen. Denn, so sagte er, ich hatte im Sinn, Gefährten zu gewinnen, und hatte dafür eine ganz harte und raue Lebensweise ausgedacht. Wenn ich nun selbst körperlich ganz stark gewesen wäre und nichts an der seelischen Hochspannung und an der harten Lebensweise gelockert hätte, dann hätte mir niemand auf diesem Weg folgen können. Jetzt aber, wo ich körperlich gebrochen und schwach bin, hat mich Gott belehrt, mit den Schwachen schwach zu sein und der menschlichen Gebrechlichkeit etwas nachzugeben«.

Die ersten Jesuiten hielten es für selbstverständlich, in den Krankenhäusern der Städte, in denen sie wirkten, die gewöhnlichen Dienste zu tun. Und die angehenden Jesuiten sollten Erfahrungen in einem Krankenhauspraktikum (übrigens bis heute) als wichtige Probe dafür machen, wie sie den Menschen dienen wollten.

»Man soll für die Kranken viel Sorge tragen« (304). Die Oberen haben dazu eine besondere Verpflichtung. Sie sollen gute Ärzte holen oder Versetzungen in klimatisch zuträglichere Verhältnisse veranlassen. Die apostolischen Erfordernisse haben zurückzutreten gegenüber dem Wohl eines Langzeitkranken. In der Krankheit kann die Art des Verhaltens zeigen, »dass man die Krankheit als eine Gnade aus der Hand unseres Schöpfers und Herrn annimmt; denn sie ist es nicht weniger als die Gesundheit« (272).

Wenn es zum Sterben kommt, »soll der Obere mit großer Aufmerksamkeit darauf achten, dass, »wer ... in Gefahr ist, bevor er seines Urteils beraubt ist, alle heiligen Sakramente empfange und für den Hinübergang vom zeitlichen zum ewigen Lebens mit den Waffen gestärkt werde, die uns die göttliche Freigebigkeit Christi unseres Herrn gewährt« (595). Man hat ausgerechnet, dass Ignatius in seinen letzten drei Lebensjahren ungefähr ein Jahr immer wieder auf den Tod krank daniederlag. Als er endlich verschied, war niemand bei ihm. Polanco machte sich Vorwürfe, dass er die Anzeichen des nahen Todes nicht genügend ernst nahm und lieber noch dringende Post erledigte, anstatt den Segen des Papstes für den Sterbenden einzuholen. Er dachte, das hätte bis zum nächsten Tag Zeit. So starb Ignatius »einen Tod, wie ihn alle Welt stirbt«. Die Gefährten wurden nicht leicht damit fertig, dass Ignatius nicht, wie es sich für einen Ordensgründer doch eigentlich gehört hätte, im Kreis seiner Brüder und mit kostbaren letzten Worten auf den Lippen starb.

Die Sorge für die Kranken ist eines der wichtigen Themen unserer Zeit. Es sind sehr viele Menschen mit großem Engagement am Werk im ärztlichen und pflegedienstlichen Bereich sowie in der Pflege von Angehörigen zu Hause. Krankenversicherungen, Medizin, Pharmazie und gesetzliche Regelungen sind hoch entwickelt. Trotzdem sind viele Fragen offen: Wie gelingt menschliche Zuwendung, ohne durch zeitliche Vorschriften zu sehr eingeschränkt zu werden? Wie sind bei gestiegener Lebensdauer die steigenden Kosten aufzubringen? Wie kann von älteren Menschen der Druck genommen werden, sich überflüssig vorzukommen oder dass sie für die Allgemeinheit eine Belastung darstellen, dass sie sich also besser »vom Acker machen« sollten?

Es wird lebhaft und kontrovers diskutiert, was am Anfang eines Lebens erlaubt ist und was am Ende eines Lebens erlaubt ist. Die alten ethischen Grenzen sind schon aufgeweicht. Haben wir uns nicht bereits in

Menschen schädigende Fallen begeben? Haben wir nicht schon begonnen, für plausibel zu halten, was nützlich erscheint, und darüber die Wahrheitsfrage zu verdrängen?

Es wurde in solchen Zusammenhängen von einer Kultur des Todes gesprochen, wobei das Wort Unkultur hier angebrachter wäre. Jedenfalls gilt es, für eine Kultur des Lebens einzutreten. Und dies bedeutet eine Umkehr, manchmal auch eine Rückkehr zu den alten Zielen, wie sie in vielen kirchlichen Dokumenten, Verlautbarungen und Erklärungen festgehalten sind. Und auch in den Konstitutionen! Dazu sollte immer wieder die Ermutigung kommen für alle, die sich mit Verstand und Herz und Ausdauer im wie immer gearteten Dienst für die Kranken und Sterbenden verausgaben.

Ein Vorwort als Nachwort

Der ersten Ausgabe der Satzungen von 1559 war ein Brief vorangestellt, der von Pater Pedro de Ribadeneira verfasst war. Der junge Ribadeneira, geboren 1526, war 1540 von Ignatius in den Orden aufgenommen worden. Er war fast immer mit wichtigen Aufgaben betraut. Zum Beispiel hat ihn Ignatius bei der Einpflanzung der Konstitutionen vor Ort eingesetzt. Später wurde er der erste Biograph des Ordensgründers. Unter den Jesuiten genoss er bis ins hohe Alter von 85 Jahren großes Ansehen. Sein Brief ist eine Fundgrube über die Entstehung der Satzungen und über den Geist, der in ihnen atmet. Er ermutigt die Mitbrüder mit begeisternden Worten zum Annehmen und zum Halten der Satzungen.

Die letzten Sätze dieses Briefes sollen als eine Art Schlusspunkt dienen. Ribadeneira bezieht dabei Zitate aus Paulusbriefen mit ein: »Und um es kurz zu sagen, unsere Satzungen wollen, dass wir Menschen sind, die der Welt gekreuzigt sind und denen die Welt gekreuzigt ist; neue Menschen, die ihre bösen Neigungen abgelegt haben, um Christus anzuziehen; die sich selbst gestorben sind, um für die Gerechtigkeit zu leben: die unter der Last der Arbeit, in durchwachten Nächten, durch Fasten, durch lautere Gesinnung, durch Erkenntnis, durch Langmut, durch Güte, durch den Heiligen Geist, durch ungeheuchelte Liebe, durch das Wort der Wahrheit sich als Gottes Diener erweisen und mit den Waffen der Gerechtigkeit in der Rechten und in der Linken bei Ehrung und Schmähung, bei übler Nachrede und bei Lob, in glücklichen und in schwierigen Zeiten, in Eilmärschen der himmlischen Heimat entgegengehen. Das ist die Summe, das ist das Ziel unserer Satzungen.

Darum beschwöre ich euch, Brüder im Herrn, ein Leben zu führen, das der Berufung würdig ist, die an uns erging. Und damit wir diese Berufung erkennen, wollen wir wieder und wieder diese Satzungen lesen, die ein Geschenk Gottes für uns sind. … Von ihnen wollen wir lernen, sie befolgen und darin gegenseitig unter uns wetteifern. So wird es gelingen, dass unser Leben übereinstimmt mit unserem Namen und das, was wir gelobt haben, sichtbar wird in dem, was wir tun. Lebt wohl! In Christus.«

In der Reihe **Ignatianische Impulse**
sind bisher u.a. erschienen:

Weitere Informationen zu allen Bänden der Reihe finden Sie unter www.echter-verlag.de